Lieblings-Plätze für Senioren

BODENSEE

Lieblingsplätze für Senioren

ZEPPELIN

BODENSEE

GMEINER

MARION VOGT

Autor und Verlag haben alle Informationen geprüft. Gleichwohl wissen wir, dass sich Gegebenheiten im Verlauf der Zeit ändern, daher erfolgen alle Angaben ohne Gewähr. Sollten Sie Feedback haben, bitte schreiben Sie uns! Über Ihre Rückmeldung zum Buch freuen sich Autor und Verlag: lieblingsplaetze@gmeiner-verlag.de

Sofern nicht im Folgenden gelistet, stammen alle Bilder von Marion Vogt: Pixabay/pasja1000 14; Dagmar Schwelle 16, 18, 24; Gourmetrestaurant Ophelia 20; BGK-Bädergesellschaft Konstanz mbH 22; IBT/Achim Mende 26; Theo Keller 30; Ilka Becker Photography 32; Staatliche Schlösser und Gärten Baden-Württemberg/Achim Mende 42, 72; Pixabay/fbhk 48; Campus Galli Karolingische Klosterstadt e.V. 50; Lukas Leertaste 52; Landesgartenschau Überlingen 2020 GmbH/Jürgen Gundelsweiler 56; b.lateral GmbH & Co. KG 58, 98; Überlingen Tourismus 60; Pixabay/Hans Braxmeier 68; Pixabay/Tommy_Rau 70; Landgasthof Apfelblüte 74; Pixabay/Dieter_G 76; Pixabay 84, 156; Martin Maier Photography BF 86; Burg Meersburg 88; Falk von Traubenberg 90; Staatliche Schlösser und Gärten Baden-Württemberg/Bernd Wrobel 92; Hotel-Restaurant Residenz a. See 94; Burgunderhof digestifs GmbH 100; Tourismusgemeinschaft Gehrenberg-Bodensee e.V./Florian Fahlenbock 102; Gemeinde Immenstaad a.B./Thomas Gretler 104; Höpker Café Confiserie 106; Dornier Museum 110; Stefan Trautmann 114; Restaurant Schuppen 13 120; Tourist-Information Kressbronn a. B./Hari Pulko 124; Hopfengut No. 20 126; Stadt Ravensburg 128; Pixabay/Lars_Nissen 132; Pixabay/reginasphotos 134; Valentin fine dining 138; Therme Lindau GmbH/David Matthiessen 140; Pixabay/pasja1000 142; Fritsch am Berg GmbH 144; Pixabay/webentwicklerin 146; Bregenzer Festspiele/Anja Köhler 148; Christiane Setz/visitbregenz 150; Inatura/Petra Rainer 158; Dornbirn Tourismus & Stadtmarketing GmbH/Studio Fasching 162; Falknerei Galina 164; Kunstmuseum Liechtenstein/Stefan Altenburger 166; Alan Meier 168; Mattias Nutt 170; Daniel Schvarcz 72; Appenzeller Schaukäserei/Roger Oberholzer 176; Pixabay/markus53 178; MoMö 180; Pixabay/lumix2004 184; Bodensee Planetarium/Bruno Leitz 186; Ivo Scholz 188; Swiss Science Center Technorama 190

Besuchen Sie uns im Internet:
www.gmeiner-verlag.de

1. Auflage 2022

Im Ehnried 5, 88605 Meßkirch
Telefon 07575/2095-0
info@gmeiner-verlag.de

QR-Code einscannen und kostenloses E-Book anfordern.

Lektorat/Redaktion: Ricarda Dück
Herstellung: Julia Franze
Bildbearbeitung/Umschlaggestaltung: Susanne Lutz
unter Verwendung der Illustrationen von © PrintingSociety – stock.adobe.com; © barneyboogles – stock.adobe.com; © Katrin Lahmer; © Benjamin Arnold; © Susanne Lutz
Kartendesign: © Maps4News.com/HERE
Druck: AZ Druck und Datentechnik GmbH, Kempten
Printed in Germany
ISBN 978-3-8392-0156-5

Rund um Konstanz am Untersee und im Hegau

Rund um Überlingen und den Überlinger See

Rund um Meersburg und Lindau am Obersee

Rund um Bregenz und St. Gallen am Obersee

ZEPPELIN

Erinnerungen schaffen

Die Vielfalt der Vierländerregion

Einbrecher haben bei mir keine Chance und meine Zimmerpflanzen gedeihen auch während längerer Abwesenheit bestens. Woran das liegt? Meine Wohnung in Überlingen ist bei Mitgliedern meiner Familie und meines Bekanntenkreises in ganz Deutschland äußerst beliebt. Jeder von ihnen möchte am Bodensee Zeit verbringen, derart vernarrt sind sie in die Gegend. Genauso wie ich, also ließ ich vor mehr als zwei Jahrzehnten mein Leben im Sauerland hinter mir und wagte mit meiner Familie einen Neustart in der Vierländerregion. Ein Schritt, den ich bis heute kein einziges Mal bereut habe. Über die Jahre sind die Kinder groß geworden, haben selbst Nachwuchs bekommen und die eigenen Bedürfnisse haben sich ebenso verändert wie meine Wahlheimat und ihre Bewohner. Doch immer geblieben ist die Faszination für diesen vielseitigen Landstrich; sie ist vielleicht sogar noch größer geworden.

Noch heute entdecke ich unbekannte Ecken und Facetten am Bodensee. Wie eh und je gleicht er einem Paradies für alle Altersklassen, für Erholungssuchende und Freizeitsportler, für Kulturinteressierte und Abenteuerlustige, für Familien mit und ohne Kinder, für Alleinstehende und Gruppen. Jeder erkundet die Gegend auf seine Art und findet seine Nischen. Mit dem Wandel persönlicher Präferenzen und Ansprüche habe auch ich meine Heimat regelmäßig mit neuen Augen betrachtet. Einstige Lieblingsplätze wurden von anderen abgelöst oder schlichen sich nach langer Zeit wieder in mein Herz.

In diesem Buch möchte ich Ihnen ein paar davon verraten. Idyllische Flecken, die Entspannung abseits der manchmal rappelvollen Ufer ermöglichen. Plätze, die auf Körper und Geist wohltuend wirken. An denen die Authentizität der Region spürbar ist. Rad- und Wanderstrecken, auf denen man ohne große Mühe die oft hügelige Landschaft erkunden kann. Ausflugsziele, die Erinnerungen kreieren oder in der Vergangenheit schwelgen lassen. Die einen Neues lehren und Altes nicht vergessen lassen. Und die den Erfahrungsschatz um manch netten Plausch und neue Bekanntschaften bereichern.

Begleiten Sie mich zu malerischen Schlössern, mittelalterlichen Städten und in die farbenfrohe Natur. Betrachten Sie Sehenswürdigkeiten aus einem anderen Blickwinkel und folgen Sie in Ihrem Tempo meinen Geheimtipps zu Fuß, auf dem Schiff oder auf zwei Rädern. Erkunden Sie das Hinterland und plauschen Sie angeregt mit Fischern, Köchen und Landwirten. Schmecken Sie den Süden bei einem Apfel oder einem Wein aus der Region. Lernen Sie vier Länder auf einmal kennen, erleben Sie Sonnenuntergänge auf verschiedenen Uferseiten und erfahren Sie überall die gleiche herzliche Gastfreundschaft.

Ob Österreich, Schweiz, Deutschland oder Liechtenstein – der Bodensee bildet eine Einheit, in der Vielfalt gelebt wird. Genießen Sie es, zwischen Palmen in Überlingen zu frühstücken, auf einem Schweizer Gipfel zu Mittag zu essen, abends die weltweit größte Seebühne in Bregenz zu besuchen und eine Nacht im feudalen Vaduz zu verbringen. Und all das mit erwünschtem Komfort. Allein, mit anderen gemeinsam und gerne mit den Enkeln. Ich wünsche Ihnen viel Vergnügen! Vielleicht laufen wir uns ja eines Tages über den Weg …

Vierländerregion? Welche Staatsangehörigkeit besitzt dann der Bodensee? Gar keine! Die Anrainerländer haben keine Grenze im See festgelegt, nur die Ufer gehören zu den jeweiligen Nationen.

Rund um Konstanz am Untersee und im Hegau

1

Imperia
Hafeneinfahrt
Hafenstraße
D-78462 Konstanz

Konzil
Hafenstraße 2
D-78462 Konstanz
+49 (0)7531 21221
www.konzil-konstanz.de

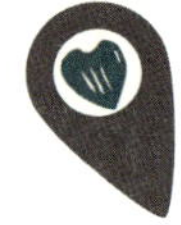

Und sie dreht sich doch!

Imperia

Die Entrüstung war beachtlich, als das heutige Wahrzeichen der größten Stadt am Bodensee 1993 enthüllt wurde. Zwei attraktive lange Beine, ein tiefes Dekolleté und zwei unbekleidete Männlein kamen zum Vorschein. So viel Freizügigkeit waren die Badener nicht gewohnt. Dabei hat die frivole Figur in der Konstanzer Hafeneinfahrt einen historischen Hintergrund.

1417 fand in der Konstanzer Konklave die einzige Papstwahl auf deutschem Boden statt. Zu diesem Ereignis platzte die Stadt aus allen Nähten, strömten doch Kardinäle, Herzöge und Gläubige von weit her an den See. Nicht alle Gäste führten Frömmigkeit im Sinn, denn auch das älteste Gewerbe der Welt reiste mit. Die Skulptur *Imperia* verkörpert eine der damaligen Dirnen. Eine Anspielung auf die damalige Doppelmoral der Kirche, die die christliche Einheit wiederherstellen sollte, jedoch heimlich ihren Trieben freien Lauf ließ. *Imperia* durchschaut das Treiben und hat somit wortwörtlich die weltlichen und geistlichen Autoritäten in der Hand.

Sie fragen sich, warum die Konstanzer ausgerechnet eine Mätresse ihren Hafen bewachen lassen und nicht den gewählten Papst oder einen Adligen? Dies geschah eher unfreiwillig. Der Bildhauer Peter Lenk aus Bodman installierte sein Kunstwerk in einer Nacht- und Nebelaktion. Initiiert wurde sie vom Fremdenverkehrsverein und finanziert von den Schweizer Nachbarn, die die *Imperia* nicht am eigenen Ufer sehen wollten. Ein Abstoßen des verunglückten Geschenks war danach nicht möglich, da es auf dem Gelände der Deutschen Bahn steht und sich somit dem Einfluss der Räte entzieht.

So dreht die Dame sich noch heute im Konstanzer Hafen um die eigene hübsche Achse. Um sie zu betrachten, muss man im Übrigen nicht die gesamte Mole entlanggehen. Durch ihre beeindruckende Größe ist die *Imperia* bereits von Weitem gut sichtbar.

Mit wenigen Schritten erreicht man das Konzil, in dem das Konklave stattfand. Es gilt als größter mittelalterlicher Profanbau und beheimatet heute ebenerdig ein Restaurant mit regionaler Küche. Auf der Terrasse kann man den Ausblick auf die *Imperia* und die Promenade genießen.

2

Historischer Stadtteil Niederburg
Zwischen Unterer Laube und der Konzilstraße
D-78462 Konstanz

Restaurant Zur Wendelgard
Inselgasse 5
D-78462 Konstanz
+49 (0)7531 917488
www.zur-wendelgard.de

Fassadenkunst

Ältester Stadtteil Niederburg

Da der älteste Stadtteil von Konstanz unterhalb der ehemaligen Bischofsresidenz nahe des Münsters liegt, wurde er *Niederburg* genannt. Die Gässchen fallen leicht zum Rhein ab – in vergangenen Zeiten ein praktischer Umstand. Die Totengräber fühlten sich ebenfalls für den Unrat auf den Straßen verantwortlich und beförderten diesen, ohne Rücksicht auf Passanten, in den Fluss.

Heutzutage können sich Fußgänger trotz leichter Neigung zwischen Unterer Laube und Konzilstraße gefahrlos fortbewegen.

Das Kopfsteinpflaster wurde meist ebenmäßig verlegt, sodass einem längeren oder kürzeren Rundgang – je nach Zeit und individueller Ausdauer – nichts im Wege steht. Alleine könnte der Besucher jedoch in die missliche Lage geraten, den Überblick kurzzeitig zu verlieren. Die Gassen wurden nämlich einst kurvig angelegt, damit sie im Falle eines Angriffs nicht vollständig vom nahenden Feind befeuert werden konnten. Der historische Charakter der Altstadt ist weitestgehend bestehen geblieben, da sie im Zweiten Weltkrieg, durch die Nähe zur Schweiz, nicht zerstört wurde. Die schönen Patrizierhäuser und mittelalterlichen Baudenkmäler sind aufwendig restauriert, oft mit augenfälligen Wandmalereien verziert. Sie zeigen meistens alltägliche Begebenheiten, ganze Hochzeitsgesellschaften, aber auch kleine Wunder wie den Halleyschen Kometen. In den Straßen befinden sich schnuckelige Cafés, kleine Museen und Galerien. Zahlreiche inhabergeführte Läden säumen den Weg, einer origineller als der andere, denn große Ketten, wie man sie andernorts kennt, haben glücklicherweise keinen Platz.

Anekdotenreich ist das Restaurant *Wendelgard*, dessen Namensgeberin der Sage nach bucklig und schweinsrüsselig war und von allen gemieden wurde. Deshalb erkaufte sie sich bis an ihr Lebensende sonntägliche Kutschfahrten mit den Konstanzer Ratsherren – diese stellten jedoch die Bedingung, dass die unglückliche Wendelgard ihnen im Gegenzug ihr Weingut überschreiben müsse.

Jeweils am ersten Freitag in den Sommermonaten wird der *Konstanzer Gassenfreitag* gefeiert. Die Einheimischen laden zu Getränken und Musik ein. Gäste und Begegnungen sind willkommen!

8

Restaurant Ophelia
Fine Dining
Seestraße 25
D-78464 Konstanz
+49 (0)7531 363090
www.restaurant-ophelia.de

Casino Konstanz
Seestraße 21
D-78464 Konstanz
+49 (0)7531 81570
www.casino-konstanz.de

Gelebte regionale Gastlichkeit

Gourmetrestaurant Ophelia

Die Konstanzer haben neben der freizügigen *Imperia* noch mehr üppige Kurven zu bieten. Natürlich stilvoll und im erlesenen Ambiente. Im *Ophelia*, einem mit zwei Sternen und 18 Gault-Millau-Punkten ausgezeichneten Gourmetrestaurant im Hotel *RIVA Konstanz*, sind zehn Fotografien eingezogen, die allesamt unbekleidete Marmorskulpturen zeigen. Doch lassen Sie sich nicht von den wunderschönen großformatigen Bildern ablenken. In diesen Räumen wird zwar viel fürs Auge geboten, hauptsächlich geht es aber um die kulinarischen Genüsse, die Ihnen vom Küchenchef Dirk Hoberg und seinem Team kredenzt werden.

Zu besonderen Anlässen wie einem runden Geburtstag, zum Einstand in den Ruhestand oder auch an einem gewöhnlichen Tag sind ein paar Stunden in der Jugendstilvilla ein Erlebnis, an das Sie gerne zurückdenken werden. Gönnen Sie sich zu Beginn einen Aperitif auf der Terrasse oder hoch oben auf dem Dach. Dort einen Cocktail zu trinken, mit Blick auf die Alpen und den See, mag fast schon dekadent erscheinen, lässt einen aber unmittelbar zur Ruhe kommen.

In der Küche besitzt der Chef die Gabe, regionale Produkte mit exquisiten Zutaten aus aller Welt raffiniert zu kombinieren. Es entstehen Gerichte, die überraschen und dennoch den Geschmack von Heimat transportieren, auf eine noch nicht gekannte Art präsentiert, oft mit einem Schuss Humor. Diesen mag man bei gehobener Gastronomie nicht erwarten, er passt aber zum Bodensee als lebendiger Urlaubsregion. Alle Teller sind mit Liebe zum Detail angerichtet und wirken ebenso ästhetisch wie die Gemälde an der Wand. Und erst der Geschmack!

Bei kleinem Hunger können Sie nur vier statt der üblichen sieben Gänge bestellen. Doch berücksichtigen Sie: Die Portionen sind übersichtlich, denn Qualität geht über Quantität. Es wird nicht nur geschlemmt, sondern auch ein guter Tropfen gereicht. Der Weinschrank in der Lobby umfasst über 3.500 Flaschen und 400 verschiedene Positionen. Da hat man schon mal die Qual der Wahl – oder kommt einfach wieder.

Soll der Abend genauso stilvoll weitergehen? Versuchen Sie doch Ihr Glück gleich gegenüber im Konstanzer Casino.

4

Strandbad Horn
Eichhornstraße 100
D-78464 Konstanz

Bodensee-Therme Konstanz
Zur Therme 2
D-78464 Konstanz
+49 (0)7531 8032700
www.therme-konstanz.de

Traditionsreich baden gehen

Strandbad Horn

Das »Hörnle«, wie das Bad liebevoll genannt wird, liegt am malerischen Ende der Konstanzer Bucht mit einer fantastischen Sicht auf den Ober- und Überlinger See. Es blickt auf eine spannende Geschichte, die nach dem Ersten Weltkrieg ihren Anfang nahm.

Bis zu diesem Zeitpunkt badeten die Konstanzer Männlein und Weiblein streng getrennt. Im Sommer 1920 jedoch fasste der Gemeinderat den kühnen Entschluss, ein Freibad einzurichten und die strikte Bade- und Kleiderordnung über Bord zu werfen. Wie es eine Schweizer Historikerin formulierte, ging damit »die Moral baden«. Doch nicht nur die Sportlichen und Sonnenhungrigen trafen sich fortan an der östlichen Spitze des Bodanrücks, auch Kühe und Schafe mochten das frische Grün der Wiesen und weideten dort, bis der damalige Oberbürgermeister ein Machtwort sprach und den Bauern die Viehhaltung in der Badeanstalt verbot. Morgens streifte gut 30 Jahre lang der Bademeister Wilhelm Breimaier mit Hund und Schusswaffe über das Areal und die Lichtungen, um für Recht und Ordnung zu sorgen. Schon damals zählte das »Hörnle« täglich 5.000 bis 6.000 Badegäste.

Nicht zu unterschätzende Anreize sind seit Anbeginn sicherlich der kostenlose Eintritt und die hervorragende Qualität des Wassers. Das größte Strandbad der Region verfügt über eine Liegewiese mit über 600 Metern Uferlänge, die ausreichend schattige Plätze unter den Bäumen bietet, ohne dass die Gäste sich zu nahe rücken. Trotz der Weitläufigkeit sind die Sanitäranlagen schnell zu erreichen. Enkelkinder können im einsehbaren großen Spielbereich mit Klettergerüsten und einem Spielschiff ihrer Fantasie freien Lauf lassen. Meldet sich der kleine oder große Hunger, kommen alle Geschmäcker vor Ort im Café-Restaurant *Hörnle* oder am Kiosk auf ihre Kosten. Eine stressfreie Anreise ist mit dem Bus möglich, aber auch kostenpflichtige Parkplätze stehen neben dem »Hörnle« zur Verfügung.

Das Wetter spielt nicht mit? Machen Sie einen Abstecher zur *Bodensee Therme Konstanz*, die nur zehn Minuten Fußweg entfernt liegt. Moderate Saunen wie das Dampfbad oder ein Sanarium eignen sich auch für hitzeempfindlichere Gemüter.

5

Münster Unserer Lieben Frau
Münsterplatz 1
D-78462 Konstanz
www.kath-konstanz.de/kirchen/muenster-unserer-lieben-frau/

Steigenberger Inselhotel
Auf der Insel 1
D-78462 Konstanz
+49 (0)7531 1250
www.steigenberger.com

Eine fromme Orientierung

Münster *Unserer Lieben Frau*

In Konstanz prägt der Münsterturm seit Jahrhunderten das Stadtbild und ist für den Besucher eine gute Orientierung, falls man in den Straßen einmal verloren geht. Das sakrale Gebäude geht auf die Anfangszeit des Bischofssitzes um das Jahr 600 n. Chr. zurück und wurde 780 n. Chr. erstmals urkundlich erwähnt. Zwölf Jahrhunderte lang diente es als Kathedrale der

Bischöfe von Konstanz. Zwischen 1414 und 1418 wurde es als Sitzungssaal des Konzils zur großen Bühne. Im Innern befindet sich vor den Stufen des Chors das Grab des Bischofs von Salisbury, Robert Hallum, der während dieser Zeit verstorben ist.

Das Münster befand sich im Laufe der Jahrhunderte im stetigen Wandel. Nach und nach erhielt die Kirche die Seitenkapellen und die Westturmanlage mit Portal, bis schließlich im 19. Jahrhundert das Äußere neugotisch umgestaltet wurde. Nur wenige Merkmale erinnern an die Zeit der Romantik und Gotik, vielmehr überlagern sich die Ausstattungsepochen des Barocks, des Klassizismus' und der Neugotik. Seit gut 200 Jahren wird das Münster nun als katholische Pfarrkirche genutzt.

Um die vielen Sehenswürdigkeiten des Münsters zu besichtigen, ist eine Führung ratsam, die während der Sommermonate angeboten wird. Wer gut zu Fuß ist, hat die Möglichkeit, auf dem Turm den wohl besten Blick über die Altstadt zu ergattern. Der Aufstieg ist weniger beschwerlich, als er auf den ersten Blick scheinen mag. Knapp 200 Stufen sind bis zur Aussichtsplattform zu erklimmen. Auf beiden Seiten des Kirchturms eröffnet sich eine fantastische Aussicht. Weitere 52 Stufen führen einen bis ganz nach oben, jedoch kann man dort nicht ins Freie treten, weshalb sich die zusätzliche Anstrengung nur bedingt lohnt.

Jan Hus, der Reformator, war als Gefängnisinsasse auf der Konstanzer Klosterinsel inhaftiert. Nun steht dort das Steigenberger Inselhotel mit einem sehenswerten Kreuzgang und historischen Wandmalereien.

6

Seenachtfest Konstanz und Kreuzlingen
(August)
Rund um den See
D-78464 Konstanz

KLE Seenacht-fest GmbH
Friedrichstraße 37
D-78464 Konstanz
+49 (0)7531 8028489
www.seenachtfest.de

Lichter ohne Grenzen

Seenachtfest

Das Konstanzer *Seenachtfest* ist Kult. Seit 1949 findet eine der größten Open-Air-Feierlichkeiten gemeinsam mit dem *Fantastical* in Kreuzlingen am zweiten Wochenende im August statt. Bis zu 50.000 Besucher aus ganz Deutschland, der Schweiz und Österreich pilgern in die beiden Grenzstädte und verwandeln sie in eine riesengroße Festbühne.

Tagsüber wird gegaukelt, Feuerkünstler und Artisten laufen durch die Straßen, Stelzenläufer bahnen sich ihren Weg durch die Massen und Akrobaten laden zum Mitmachen ein. Auf vielen Plätzen und eigens aufgebauten Podien werden unter freiem Himmel kostenlose Konzerte sowie Comedy- und Kleinkunstaufführungen veranstaltet. Zahlreiche Aktionen für Kinder und ein vielseitiges kulinarisches Angebot runden das Großereignis am Bodensee ab.

Spektakulärer Höhepunkt ist zweifellos das Seefeuerwerk. Gegen 22 Uhr lassen deutsche und schweizerische Pyrotechniker gut 30 Minuten lang die Raketen tanzen. Begleitet wird das grenzüberschreitende Spektakel durch ein passendes Klangfeuerwerk – ein Genuss für Augen und Ohren. Die Lichter strahlen am Himmel und spiegeln sich im Wasser, der See wird in alle Farben des Regenbogens getaucht, während passende Melodien die Effekte untermalen.

Vielleicht möchten Sie das Feuerwerk abseits des Trubels auf dem Wasser verbringen? Hunderte von Schiffen gleiten an diesem Abend über den See und bedienen von bester Unterhaltung bis zu ruhigen Rundfahrten mit feinem Menü jeden Geschmack. Hervorragende Aussicht auf das Lichtspiel am Himmel und die glitzernden Städte wird dabei immer geboten!

Denjenigen, die sich auf der anderen Seite befinden, verrate ich eine gute Alternative zum Gedränge am Ufer: Verfolgen Sie das Spektakel aus der Ferne. Von fast allen Höhenlagen aus – von der Birnau oder von Aufricht zum Beispiel – genießt man freie Sicht auf den See und das Feuerwerk.

Die Zuschauerschiffe legen zu diesem Ereignis von nahezu jedem Hafen ab. Reservieren Sie rechtzeitig, denn die Plätze sind sehr begehrt.

7

Mainau
D-78465 Insel Mainau
+49 (0)7531 3030
Grünes Telefon:
+49 (0)7531 303333
www.mainau.de

Restaurant Comturey
Mainaustraße
D-78465 Insel Mainau
+49 (0)7531 303156

Mit allen Sinnen

Die Blumeninsel

Die Mainau ist ein Lieblingsplatz par excellence. Viele Kurzurlaube am Bodensee werden schließlich nur gebucht, um die berühmte Blumeninsel zu sehen. Ob mit eigenen Augen oder als populäre Fotomotive – es gibt kaum jemanden, der die berühmte italienische Wassertreppe, den Blütenpfau oder das Barockschloss der Grafenfamilie Bernadotte nicht schon einmal gesehen hat.

Die Insel bietet zahlreiche Attraktionen, deren Besuch zum Pflichtprogramm gehört und die in jedem Prospekt zu finden sind. Mir persönlich gefallen die versteckten, vermeintlich unscheinbaren Plätze der Mainau am besten. Bänke und Mäuerchen laden ein, Platz zu nehmen, die Ruhe und Aussicht zu genießen. Zählen Sie die Ringe des Mammutbaums, um dessen Alter abzuschätzen, oder lassen Sie sich von Ihrer Nase leiten und suchen Sie die am intensivsten duftende Rose. Die Mainau ist keine Sehenswürdigkeit im Schnelldurchlauf, ein Baum wächst schließlich auch nicht in einer Saison. Nehmen Sie sich Zeit, so viele Ecken wie möglich zu erkunden.

Die Blumeninsel ist weitestgehend barrierefrei angelegt. Zudem werden spezielle Gartenerlebnisse geboten, die den Zugang erleichtern. Dazu gehören beispielsweise Pflanzen auf Augenhöhe zum Riechen und Fühlen. Auch die originellen, wechselnden Ausstellungen in den Außenanlagen, im Schloss oder dem Palmengarten sind stets sehenswert. Ich habe dabei schon bunt eingestrickte Bäume in langen Ringelsocken entdeckt, eine Badewannenkollektion am Seeufer bestaunt oder Musicals unter freiem Himmel gelauscht.

Für einen krönenden Abschluss kann ich ein Abendessen im Restaurant *Comturey* direkt am Wasser empfehlen. Sorgsam angerichtet sind die Speisen ebenso ästhetisch wie die Blumen der Mainau – und lecker schmeckt die Bodenseeküche allemal.

Kennen Sie schon das Grüne Telefon der Mainau? Seit 1981 beantworten Profigärtner Ihre Fragen rund um die Pflanzenwelt und helfen bei der Gartengestaltung zu Hause: kostenlos per Post, Telefon oder E-Mail.

8

Einkaufen bei den Reichenauer Gemüsegärtnern
Stände: Seestraße
D-78479 Reichenau
www.reichenaugemuese.de

Kräutergarten
Klostergarten
Münster St. Maria und Markus
Münsterplatz 4
D-78479 Reichenau

Grüne Qualität

Einkaufen auf der Gemüseinsel

Knackfrische Paprika, Tomaten und dunkelgrüne Zucchini – die Reichenau bietet natürlichen Geschmack in bester Qualität, die weit über die Region bekannt ist. Die Halbinsel ist UNESCO-Welterbe, Urlaubsparadies und Kulturlandschaft. Doch für die Bewohner ist ihre Heimat vor allen Dingen eines: das südlichste Gemüseanbaugebiet Deutschlands und Quelle ihres Lebensunterhalts.

In kleinen und mittleren Betrieben versorgen Familien in zweiter und dritter Generation hauptsächlich den süddeutschen Raum mit hochwertigem Gemüse. Das Angebot richtet sich stets nach der Saison. Spargel im Winter werden Sie in keinem Gewächshaus der Reichenau finden. Dennoch sorgt die neue Generation für Erneuerung und behutsamen Fortschritt.

In den vergangenen Jahrzehnten hat sich einiges geändert: Die Technik hielt Einzug, manches wurde automatisiert, heute erleichtern Beregnungsnetze und Klimacomputer die Arbeit. Trotzdem muss immer noch jede Paprika alle 14 Tage von Hand gedreht und anschließend behutsam in die Kiste gelegt werden. Tradition und regionalen Zusammenhalt verkörpert die Erzeugerorganisation *Reichenau-Gemüse eG*, zu der sich die Gemüsegärtner der Insel zusammengeschlossen haben.

Erwerben können Sie das Reichenau-Gemüse direkt an den Ständen der Landwirte, die ein authentisches Einkaufserlebnis bieten. Sie sind vor den Wohnhäusern der Erzeugerfamilien und am Wegesrand aufgebaut. Die meisten von ihnen befinden sich entlang der Seestraße. Knackfrisch ist die Ware immer, nur manchmal zu klein oder zu krumm, um in den freien Verkauf zu gelangen. Doch wen kümmern EU-Normen, wenn der Geschmack auf ganzer Linie überzeugt und man darüber hinaus lange Transportwege vermeiden kann. Zudem werden oft selbst gemachte Konfitüren, Öle oder Hochprozentiges angeboten. Selbstbedienung ist ausdrücklich erwünscht, bezahlt wird auf Vertrauensbasis. Regionaler und wertschätzender geht es nicht!

Der Benediktinermönch Strabo verfasste eines der bedeutendsten botanischen Bücher des Mittelalters. Im Klostergarten auf der Reichenau wachsen alle 24 Heilkräuer, die in *Hortulus* beschrieben sind.

9

Fischlokal *Bei Riebels*
Seestraße 13
D-78479 Reichenau
+49 (0)160 97354047
www.riebels-fischdelikatessen.de

Reichenau Tourismus
Pirminstraße 145
D-78479 Reichenau
+49 (0)7534 92070
www.reichenau-tourismus.de

Frisch, frischer, Fisch

Lokal *Bei Riebels*

Besucht man die Reichenau, die seit dem Jahr 2000 zum UNESCO-Weltkulturerbe zählt, ist die naturnahe Atmosphäre der Halbinsel allgegenwärtig. Die meisten Bewohner leben vom Gemüseanbau, einige von der Fischerei. *Bei Riebels* in der Seestraße, direkt am Gnadensee und somit in bester Lage, wird letztere der beiden Traditionen gepflegt. Parkmöglichkeiten bieten sich an der nahen Kirche St. Georg. Doch am besten lässt man das Auto stehen, um sich bequem von der Meersburger Fähre und dem Bus zur Reichenau bringen zu lassen.

Im offenen Lokal herrscht in der warmen Jahreszeit ein fröhliches Kommen und Gehen. Im zwanglosen Ambiente finden an langen Holztischen Urlauber, Radfahrer, Kinder und Gruppen Platz. Freie Sitzgelegenheiten werden ausgespäht und die Hälse hochgereckt, um die große Speisekarte an der Wand oberhalb der Theke lesen zu können. Das klare Angebot zu fairen Preisen überfordert nicht, der Fisch kommt auf direktem Weg ins Restaurant und wird vor den Augen der Gäste zubereitet – frisch und in bester Qualität. Die Gerichte überzeugen im Geschmack und werden zu echtem hausgemachten Kartoffelsalat und hiesigem Wein serviert.

Indessen kommen die Gäste während der kurzen Wartezeit miteinander munter ins Gespräch. Individuelle Tipps für den Bodensee-Aufenthalt werden in verschiedenen Dialekten und Sprachen ausgetauscht und von Einheimischen durch manche Ratschläge ergänzt. Kommt das Essen auf den Tisch, ertönen einhellige Ausrufe der Freude und Zufriedenheit.

Beliebter Favorit ist sicherlich der *Spezialteller*: verschiedene gegrillte Fischfilets und knackiger Salat von der Insel mit einem hinreißenden Dressing, frischen Sprossen und Körnern. Die Portionen sind groß, auf Wunsch können Sie sich ein Hauptgericht teilen und bei Bedarf eine zusätzliche Beilage bestellen. Für den kleinen Hunger bieten sich Fischbrötchen oder gebratene Krustentiere an. Für den Genuss zu Hause oder in der Ferienwohnung können Sie im angrenzenden Laden fangfrischen Fisch erstehen.

Der idyllische Reichenauer Inseldamm ist über 180 Jahre alt. Wussten Sie, dass er den Endpunkt der Deutschen Alleenstraße bildet, die von Rügen bis zum Bodensee führt?

10

Napoleonmuseum Arenenberg
Schloss Arenenberg
Arenenbergstrasse 1
CH-8268 Salenstein
+41 (0)58 345 7410
napoleonmuseum.tg.ch

Stilvolle alte Zeit

Schloss und Napoleonmuseum Arenenberg

Hoch über dem Untersee liegt das vielleicht schönste Schloss der Bodenseeregion: Arenenberg. Berühmtheit erlangte es, als Hortense de Beauharnais, ehemalige Königin von Holland, Stieftochter und Schwägerin Napoleons I., dieses Kleinod als Exil wählte. Sie lebte dort knapp 20 Jahre bis zu ihrem Tod im Jahre 1837. Ihr jüngster Sohn Napoleon III., der spätere und letzte Kaiser Frankreichs, wuchs unbeschwert an diesem Ort auf und knüpfte Freundschaften mit den Thurgauer Einheimischen, dessen Dialekt er sogar lernte. Nach seinem Tod vermachte er die Residenz seiner Frau Eugenie, die sie 1906 dem Kanton Thurgau schenkte. Daraufhin wurde das einzige deutschsprachige Museum zur napoleonischen Geschichte gegründet.

Heutzutage können Besucher auf einem Rundgang durch das Schloss flanieren und die repräsentative Originaleinrichtung bestaunen. Hortense de Beauharnais besaß die Maxime, ihr Exil so stilvoll und elegant wie möglich zu gestalten. Die Räume sind äußerst farbenfroh und zeugen von weiblichem Charme. So ist der Salon der Königin einem opulenten Zelt nachempfunden. Die blau-weiß-gestreifte Papiertapete besitzt noch immer eine unvergleichliche Strahlkraft und löste Anfang des 19. Jahrhunderts in Paris eine rege Nachfrage nach der Wandverkleidung aus. Im Treppenhaus hängen exotische Porträts von Sultanen und Scheichen, ehemaligen Freunden und Verbündeten der königlichen Familie.

Drei Stufen am Eingang führen ins sonst barrierefreie Erdgeschoss des Museums. Enkel ab sechs Jahren erhalten ermäßigten Eintritt, während Gruppen auf Anfrage eine private Führung durch die jährlichen Sonderausstellungen erhalten. Nach oder vor dem Besuch lädt die großzügige Parkanlage zu einer Verschnaufpause oder einem Spaziergang ein. Im schlosseigenen Restaurant kann man sich bei kleinen Speisen mit Zutaten aus der Region stärken.

Hortense machte ihren Sitz im Exil zum beliebten Treffpunkt für Politiker, Künstler und Wissenschaftler. Franz Liszt, Henri Dufour, Alexander von Humboldt oder Alexandre Dumas verweilten im Schloss.

11

Klosterinsel Werd
Kloster St. Otmar
Im Werd
CH-8264 Eschenz

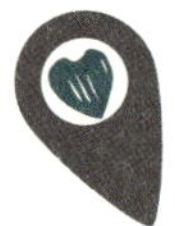

Auszeit und Einkehr

Klosterinsel Werd

Eine 200 Meter lange Holzbrücke führt vom Ort Eschenz auf das kleine Eiland im Rhein. Werd ist auf den letzten Metern nur zu Fuß zu erreichen, was der Philosophie der Klosterinsel entspricht. Man soll den alten Steg im Bewusstsein überschreiten, den Alltag für eine Weile hinter sich zu lassen. Eile und Hektik haben auf Werd keinen Platz. Die innere Einkehr wird einem leicht gemacht, beobachtet man die Fische und Wasservögel im Rhein, wie sie in aller Ruhe ihre Kreise ziehen. Das malerische Panorama der Stadt Stein am Rhein in unmittelbarer Nähe wirkt friedlich.

Seit 1957 bewohnen eine Handvoll Franziskaner das angebaute Priesterhaus des Klosters St. Otmar auf Werd. Besuchern wird freier Eintritt gewährt, und diese haben oft das Glück, einen der Mönche persönlich anzutreffen. Gerne berichten die Ordensbrüder über die Entstehung der Insel sowie ihre weltlichen und kirchlichen Aufgaben.

Errichtet wurde das kleine Idyll bereits im 10. Jahrhundert zu Ehren des Heiligen Otmar, der auf das Eiland im Rhein verbannt wurde und hier starb. Ihm wird das Wunder zugeschrieben, den Mönchen ein Weinfass beschert zu haben, das niemals leer wurde. Noch heute wird der Schutzpatron der Winzer oft mit einem Weinfass abgebildet.

Im Garten lädt ein Chartres-Labyrinth zur inneren Einkehr. Es ist dem französischen Original in der Kathedrale von Chartres nachempfunden, allerdings aus Gras und Steinen errichtet. Um Kraft zu schöpfen, wird empfohlen, die 444 Meter lange Strecke in Ruhe, im besten Fall barfuß, abzuschreiten, und auf dem gleichen Weg zurückzukehren. Dadurch soll der Gehende den Weg in die eigene Mitte und danach wieder in den Alltag finden.

Möchten Sie im Anschluss Gesellschaft genießen, setzen Sie sich auf eine der Bänke am Ufer. Sie werden nicht lange alleine bleiben, denn die Inselkatze findet sicherlich den Weg auch auf Ihren Schoß.

In der kleinen Kapelle wird das kirchliche Stundengebet jeden Tag dreimal gesprochen. Zu diesen öffentlichen Gebetshoren sind Besucher herzlich eingeladen.

12

Altstadt
Stein am Rhein
Startpunkt: Untertor Unterstadt bis Rathausplatz
CH-8260 Stein am Rhein

Tourist-Information
Oberstadt 3
CH-8260 Stein am Rhein
+41 526324032
tourismus.steinamrhein.ch/de

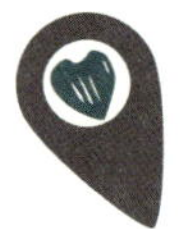

Wie aus dem Bilderbuch

Rundgang durch die Altstadt

Stein am Rhein erstreckt sich über beide Ufer des Flusses an der Stelle, an der der Rhein den Bodensee verlässt. Über eine Brücke kann man trockenen Fußes von einer Seite zur anderen gelangen. Das war nicht immer so, denn das Mittelalterstädtchen verdankte seinen Reichtum der geringen Tiefe des Rheins. War das Wasser für die Handelsschiffe auf ihrem Weg zum Bodensee zu seicht, mussten die Waren ausgeladen und über Land weitertransportiert werden. Natürlich nicht, bevor die Kaufmänner einen Obolus an die Stadt gezahlt hatten. Stein am Rhein florierte, und die Bürger begannen, ihre Häuser so reichhaltig und bunt wie Kunstwerke zu verschönern.

Verzierte Erker mit Metalldächern, blumengeschmückte Fachwerkgiebel, großformatige Wandbilder aus mehreren Jahrhunderten und filigran gearbeitete Ladenschilder buhlen heute noch um die Aufmerksamkeit der Passanten. Kaum betritt man durch das Untertor die Altstadt, fällt der Blick auf die imposante Reihe opulenter Fassaden. Beim Rundgang von der Unterstadt zum Rathausplatz bemerkt der aufmerksame Betrachter, dass die Häuserkunst lebendig ist, denn manche Wandgemälde sind neueren Datums.

Der Weg durch den historischen Kern verläuft eben, führt jedoch teilweise über Pflastersteine. Am Rathausplatz sind mit wenigen Schritten die Tourist-Information und barrierefreie Sanitäranlagen sowie lauschige Cafés und Restaurants erreichbar. Das bunte kulinarische Angebot reicht von Schweizer Spezialitäten über feine Fischmenüs in rustikalem Ambiente bis zur mondänen Gourmetküche. Ein paar Meter weiter am Chirchhofplatz lädt eine Bank vor der Stadtkirche zu einer Pause ein. An dieser Stelle eröffnet sich ein toller Ausblick auf die Altstadt. Einen Abstecher lohnen auch die Rheinpromenade und das ehemalige Römische Kastell *Tasgetium* auf der anderen Rheinseite. Die Burg Hohenklingen, das Wahrzeichen der Region, ist in wenigen Minuten mit dem Auto erreichbar.

Im Museum *Lindwurm* in der Unterstadt 18 können Sie nachempfinden, wie eine Familie um 1850 in Stein am Rhein lebte. Die Ausstattung ist originalgetreu (www.museum-lindwurm.ch/de).

18

Rheinfall
Rheinfallquai
CH-8212 Neuhausen
am Rheinfall

Smilestones – Miniaturwelt am Rheinfall
Industrieplatz 3
CH-8212 Neuhausen
am Rheinfall
+41 (0)52511 2000
www.smilestones.ch

Europas größter Wassersturz

Rheinfall

Der größte Wasserfall Europas lockt jährlich über eine Million Besucher an und beeindruckt Jung und Alt gleichermaßen. Das gigantische Naturschauspiel findet unweit des Bodensees in der Schweiz statt und lässt sich von zwei Seiten aus bestaunen: vom nördlichen Ufer am Schloss Wörth in der Gemeinde Neuhausen am Rheinfall und vom südlichen Ufer am Schloss Laufen in

Dachsen. Rund 600 Kubikmeter Wasser pro Sekunde stürzen auf einer Breite von 150 Metern und einer Höhe von 23 Metern über die Klippen in die Tiefe und demonstrieren dem Besucher pure Naturgewalt.

Entstanden ist der Wasserfall vor über 15.000 Jahren, als der Rhein durch eiszeitliche Erdbewegungen in ein neues Flussbett gedrängt wurde. An der Grenze von hartem Kalk zu weichem Schotter formte sich der Rheinfall mit seinem berühmten Felsen in der Mitte. Hier wird eine Bootsfahrt zum besonderen Erlebnis. Ab Schloss Wörth legen Ausflugsschiffe zu verschiedenen Routen ab. Ein Lift zur Anlegestelle und Rampen ermöglichen einen mühelosen Zugang an Bord. Bei etwas Wellengang oder regnerischem Wetter ist jedoch eine gewisse Trittsicherheit von Vorteil. Gäste mit guter Fitness und ältere Kinder können eine Tour unternehmen, bei der man den Fels auf einer engen Treppe erklimmt. Das Gefühl, Teil des atemberaubenden Naturschauspiels zu sein, lohnt den Aufstieg. Im Anschluss steuern die Schiffe gegen die Strömung, lassen sich wie eine Nussschale zurücktreiben und kämpfen sich an den rauschenden Rheinfall heran.

Doch auch zu Fuß kommt man den schäumenden Wassermassen sehr nah. Am südlichen Rheinufer am Schloss Laufen ermöglichen ein Panoramalift und -weg sowie die Plattform *Belvedere* sogar eine barrierefreie Erkundung. Manche Aussichtspunkte scheinen über dem Rhein zu schweben. Oft umgibt den Besucher ein feiner Sprühnebel, während unter ihm Strudel von türkisblauem Wasser mit weißen Schaumkronen tosen.

Die Miniaturwelt *Smilestones* ist zu Fuß bergauf oder mit dem Lift vom Rheinfall aus zu erreichen. Die modellierte Landschaft gleicht einem dreidimensionalen Wimmelbild der Schweiz und birgt originelle Details.

14

Festungsruine Hohentwiel
Hohentwiel 2a
78224 Singen
+49 (0)7731 69178
www.festungsruine-hohentwiel.de
hohentwielfestival.de

Hotel-Restaurant Hohentwiel
Hohentwiel 1
78224 Singen
+49 (0)7731 99070
www.hotel-hohentwiel.com

Auf Vulkanen erbaut

Festungsruine Hohentwiel

Die Vulkanlandschaft im Hegau eignet sich mit ihren steil aufragenden Felsformationen ideal als Standort für Festungen. Bereits 914 wurde auf dem Berg Hohentwiel eine erste Veste errichtet. Mit einer Fläche von neun Hektar stellt die mittelalterliche Anlage heute eine der größten Burgruinen des Landes dar.

Zu Fuß, auf vier oder zwei Rädern – viele Wege führen auf den Hohentwiel. Auf halber Strecke erreichen Besucher das Informationszentrum, an dem Pkws und Fahrräder abgestellt werden können. Wer eine Verschnaufpause einlegen möchte, kann die barrierefreie Ausstellung besuchen und in die Geschichte des Hohentwiels eintauchen. Noch heute lässt sich erahnen, wie mächtig das einstige Bollwerk gewesen sein muss. Der beeindruckende Schauplatz regt die Fantasie an – besonders die der Kinder, die als Ritter und Burgfräulein die alten Mauern entlangschleichen und sich in zahlreichen Nischen verstecken können. Die Gemäuer bieten auch eine malerische Kulisse für das *Hohentwielfestival*, eine der ältesten Freiluftveranstaltungen Süddeutschlands, bei dem jährlich berühmte Künstler auftreten.

Vielleicht beleben Sie die Tradition des Steineschleppens wieder? Da auf dem Hohentwiel Unmengen an Baumaterial benötigt wurde, erwartete man einst von jedem Gast, einen Brocken von mindestens 30 Pfund mitzubringen. Als Belohnung wurde ein Willkommenstrunk aus dem drei Schoppen fassenden Silberhumpen ausgeschenkt, den Herzog Christoph von Württemberg Mitte des 16. Jahrhunderts gestiftet hatte. Am Südwesthang des Hohentwiels befinden sich heute auf 550 Metern die höchst gelegenen Rebflächen nördlich der Alpen. Seit 1968 bewirtschaftet das Staatsweingut Meersburg die rund sieben Hektar. Die Weine schmecken durch den vulkanischen Boden besonders kraftvoll und aromatisch.

Ein Bus fährt gratis an Wochenenden, Feier- und Brückentagen vom Bahnhof Singen zum Hohentwiel hinauf. Auf dem Areal bietet ein Kiosk Getränke und kleine Speisen. Gut bürgerliche Küche serviert das nahe Restaurant Hohentwiel.

15

Wanderung um den Mindelsee

Startpunkte:
Parkplatz Mindelsee Liggeringer Straße
Parkplatz Mindelsee-Waldfriedhof
D-78315 Radolfzell am Bodensee

Wild- und Freizeitpark Allensbach

Gemeinmärk 7
D-78476 Allensbach
+49 (0)7533 931619
www.wildundfreizeitpark.de

Das stille Gewässer

Wanderung um den Mindelsee

Nicht nur der Bodensee liegt vor unserer Tür, sondern auch das idyllische Naturschutzgebiet Mindelsee in Radolfzell. Der ruhige kleine Bruder vom großen »Schwäbischen Meer« liegt in der Grundmoränenlandschaft des Bodanrücks. Das stille Gewässer bietet eine herrliche Kulisse für eine entspannte Wanderung abseits der Menschenmassen. Das weitläufige Wegenetz rund um den See kann nach eigenem Gusto genutzt werden und erfordert keine nennenswerte Fitness.

Seit 1938 steht das Gelände unter Naturschutz und wird seit 1979 vom *Bund für Umwelt und Naturschutz Deutschland* (BUND) betreut. Zu erreichen ist es am besten mit dem Auto. Am Ortsrand von Möggingen und am Waldfriedhof Markelfingen befinden sich Parkplätze, die zugleich ideale Ausgangspunkte für ausgedehnte Spaziergänge darstellen. Die Mindelsee-Runde führt beispielsweise auf acht Kilometern ohne Steigungen einmal um den See herum.

Mir persönlich gefällt die romantische und verwunschene Seite des Gebiets am besten. Weit ab von Touristenpfaden und Menschenmengen verzaubert die Landschaft. Manche Routen führen über Asphalt, manche über Weideflächen. Rechts und links blöken fröhlich Schafe, meckern Ziegen oder muhen Kühe. Ein kleiner Bach und windschiefe Zäune säumen den Weg, und die Wiesen laden zu einem Picknick im Grünen ein. Wanderer schnuppern Landluft und können eine artenreiche Tier- und Pflanzenwelt entdecken. Der Mindelsee bietet Lebensraum für rund 100 brütende Vogelgattungen, 400 Schmetterlingsarten und zahlreiche Frösche, Molche sowie Ringelnattern.

Über den Naturschutz am Mindelsee informiert das Naturschutzzentrum Möggingen mit einer interaktiven, modernen Ausstellung. Es bietet zudem regelmäßig Führungen in die wunderschöne Landschaft an.

In der Nähe befindet sich der Wild- und Freizeitpark Allensbach. Über 300 heimische Tiere in weitläufigen Gehegen sowie Attraktionen wie eine Riesenschaukel und Wasserbahnen bereiten Kindern Spaß.

16

Adventure Alpakas
Hochbuchstraße 15
D-79253 Eigeltingen
+49 (0)7465 929946
www.adventure-alpakas.de

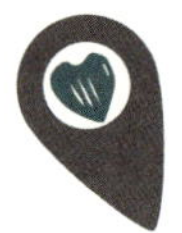

Spaziergang mit Kuschelfaktor

Hof *Adventure Alpakas* in Guggenhausen

»Spazierengehen ist langweilig!« Wie oft haben Eltern und Großeltern diesen Satz schon von der jüngsten Generation gehört? Wie wäre es mit einem außergewöhnlichen Rundgang, der jedem Spaß macht, lang in Erinnerung bleibt und zugleich Erholung bietet? Bei dem die ganze Familie miteinander Zeit verbringt und doch jeder auf seine Kosten kommt?

In einem beschaulichen Ortsteil von Eigeltingen, in Guggenhausen im Hegau, nicht weit vom Bodensee entfernt, ist genau das auf dem Alpaka-Hof der Familie Lange-Herning möglich. Sie erfüllte sich einen lang gehegten Traum mit der Zucht der Alpakas. Zu fast jeder Jahreszeit bietet die Familie eine circa zweistündige Tour mit den Tieren als wuscheligen Weggesellen. Die Termine werden nach Anmeldung individuell vereinbart und eignen sich auch für Gruppen.

Nach Ankunft auf dem Bauernhof führt der Ausflug zunächst auf die Weide zum behutsamen Kennenlernen mit den friedliebenden Anden-Kamelen. Dabei werden erste Informationen über sie verraten. Nach einer leicht verständlichen Einweisung und dem Anhalftern beginnt schon der Spaziergang. Jedem Teilnehmer wird ein eigenes Alpaka anvertraut, das meist das Tempo bestimmt. Und das ist gemächlich, denn die Tiere trotten, fressen und schauen sich neugierig um.

Der Weg ist zudem nicht anspruchsvoll und somit auch keine sonderliche Trittfestigkeit oder Ausdauer erforderlich. Er verläuft durch saftige Wiesen und Felder bis zum Aussichtspunkt *Hegaublick* oberhalb von Guggenhausen. Bei schönem Wetter eröffnet sich an dieser Stelle eine herrliche Fernsicht über die Vulkanlandschaft bis zur Alpenkette. Da bleiben nicht nur die Vierbeiner gerne stehen. Während die älteren Jahrgänge das Panorama und die Natur genießen, kraulen die Kleinen ihre tierischen Freunde. Welch ein perfekter Mehrgenerationenausflug ins Grüne – fernab jeglicher Hektik!

Im kleinen Hofladen kann man im Anschluss die berühmten Alpaka-Socken oder einen wärmenden Pullover als Erinnerung zum fairen Preis erwerben.

Rund um Überlingen und den Überlinger See

17

Campus Galli
Hackenberg 92
D-88605 Meßkirch
+49 (0)7575 2061423
www.campus-galli.de

Handwerk im 9. Jahrhundert

Klosterbaustelle Campus Galli

Ein faszinierendes Großprojekt, das einen Ausflug ins Hinterland lohnt! Auf dem *Campus Galli* bei Meßkirch verlassen Sie am Parkplatz das 21. Jahrhundert und tauchen vollständig in das Mittelalter ein. Etwa 35 Handwerker und zahlreiche Ehrenamtliche setzten an diesem Ort den berühmten Klosterplan von St. Gallen um – die älteste überlieferte Architekturzeichnung des Abendlandes. Gemäß des etwa 830 n. Chr. auf der Reichenau entworfenen Plans werden seit 2013 tagtäglich 52 Gebäude unter authentischen Bedingungen errichtet. Die karolingische Klosterstadt soll innerhalb einer Gesamtbauzeit von 40 bis 50 Jahren errichtet werden.

Der Rundgang auf dem circa 25 Hektar großen Areal ist fast ausnahmslos barrierefrei. Obwohl er über unbefestigte Wege führt, ist keine nennenswerte Kondition erforderlich. Die verschiedenen Handwerksstätten sowie der Marktplatz bieten zudem ausreichend Gelegenheiten für Pausen. Auf dem gesamten Areal herrscht eine bemerkenswerte Ruhe, die sich unmittelbar beim Betreten auf die Besucher überträgt. Statt Presslufthammer und Bagger werden ausschließlich Werkzeuge, Materialien und Techniken aus dem frühen Mittelalter genutzt. Die Handwerker nehmen sich trotz Geschäftigkeit Zeit, Fragen zu beantworten. Auf dem Marktplatz werden Klosterwurst, Eintopf und »Dennetle«, ein schwäbisches Fladenbrot, wie früher mit den damals verfügbaren Gewürzen zubereitet und angeboten, umgeben von quiekenden Schweinen und gackernden Hühnern.

Viele Gäste kommen wieder, um die Fortschritte des Jahrhundertprojekts zu verfolgen. Einige Jahre wird es wohl noch dauern, bis die großen Gebäude bis zur letzten Schindel fertiggestellt sind. Sollten Sie den Campus das erste Mal oder in einer Gruppe besuchen, bietet sich eine der rund eineinhalbstündigen Führungen an. Gerne können Sie auch mitmachen und dabei auf Auswüchse der modernen Zivilisation wie Smartphones verzichten. Nicht wenige verbrachten schon ihren Urlaub auf dem Campus und kehrten ausgeglichen nach Hause zurück.

Wussten Sie, dass bis zu 103 Stunden nötig sind, um ein Paar Wadenwickel zu fertigen?

18

Markthalle Wassmer am Blumhof
Bodenseeallee 4
D-78333 Stockach
www.wassmerblumhof.com
+49(0)7771 920712

Restaurant Grüner Baum
Radolfzellerstraße 4
D-78345 Moos
+49 (0)7732 54077
www.gruenerbaum-moos.de

Landcafé und Bauernmarkt

Markthalle Wassmer am Blumhof

»Einen Kübel Rosen bitte!« Diesen Satz hören Annelie Wassmer und ihr Team in der Saison mehrmals am Tag. Die Markthalle Wassmer steht für Regionalität, Qualität und Nostalgie. Über 40 verschiedene Rosenarten stehen zur Wahl. Und weil diese so beliebt sind, werden sie gleich in Eimern angeboten. Doch nicht nur duftende Sträuße können Sie in dem Industriegebiet Blumhof in Stockach erwerben. Die Markthalle bietet ein Potpourri aus Floristik, Dekorationsartikeln, heimischen Ernteprodukten sowie Kuchen und Torten.

Wie oft bin ich wegen der berühmten Rosen gekommen und mit vollen Tüten nach Hause gefahren – natürlich nicht, ohne mir ein leckeres Stück Schwarzwälder Kirsch mit einem Kaffee im Landcafé gegönnt zu haben. Die bunte Mischung in der Markthalle verführt Besucher zum Stöbern. In den Regalen finden Sie originelle Kleinigkeiten als Mitbringsel. Neben Keksdosen, erntefrischem Obst und Gemüse wird ein gefragtes Gericht des namhaften Restaurants *Grüner Baum* angeboten: die beste Fischsuppe weit und breit, abgefüllt im Glas. Eine praktische und zugleich köstliche Versuchung zum Mitnehmen. Wenn Sie möchten, können Sie auch vor Ort zu Mittag essen und im nostalgischen Rosengarten einkehren. Selbstverständlich darf dann ein Stück der hausgemachten Kuchen und Torten nicht fehlen. Dabei kann es sein, dass Sie neben einem adeligen Gast Platz genommen haben, denn auch das Hause Bodman schätzt die Qualität des regionalen Angebots von Annelie Wassmer.

Beim alljährlichen Apfelpflücken im September gibt die sympathische Inhaberin Familien über alle Generationen hinweg eine Gelegenheit, gemeinsam Zeit zu verbringen: An niedrigen Bäumen können alle ohne Leiter eigenhändig so viele Früchte sammeln, wie sie möchten. Bei korrekter Lagerung sind die Vitamin-C-Bomben bis Mitte Januar haltbar. Ein Spaziergang im Obstgarten bildet einen schönen Ausklang.

Sie möchten die Fischsuppe vom Koch persönlich kosten? Und das im passenden Ambiente? Der *Grüne Baum* betreibt ein Solarboot, auf dem bis zu neun Personen eine Genussfahrt auf dem Untersee unternehmen können.

19

Skulptur
Der Bodenseereiter
Landungsplatz 8
D-88662 Überlingen
www.peter-lenk.de

Tourist-Information Überlingen
Landungsplatz 3–5
D-88662 Überlingen
+49 (0)7551 9471522
www.ueberlingen-bodensee.de

Ein Brunnen als Skandälchen

Kunstwerk *Der Bodenseereiter* am Landungsplatz

Entweder man liebt es, oder man ist empört: Über achteinhalb Meter ist das Kunstwerk hoch, das 1999 errichtet wurde und heute noch für Diskussionen sorgt. Peter Lenk, Bildhauer aus Bodman, präsentiert in Überlingen seine moderne Version des *Bodenseereiters*, der Ballade von Gustav Schwab.

Die Figur im Gedicht wollte eigentlich den See mit einem Kahn überqueren, hielt die zugefrorene Wasseroberfläche dann aber für eine unbebaute, baumlose Ebene. Er ritt daraufhin mit seinem Pferd los und erlitt einen Herzinfarkt, nachdem er am anderen Ufer angekommen war und die Leute ihn zu seinem mutigen Wagnis beglückwünschten.

Bei Lenk guckt der Mann ängstlich in die Ferne und hat sich vorsorglich Schlittschuhe an die Füße geschnallt – nur für den Fall der Fälle. Getragen wird er von zwei drallen Nixen mit beeindruckenden Oberschenkeln, begutachtet von einer alten nackten Meerjungfrau und lustigen Wasserspeiern. So weit, so gut. Ein Lächeln entlockt einem die Besetzungsliste: Bei dem Reiter handelt es sich um eine Karikatur des ortsansässigen Schriftstellers Martin Walser. Modell für die Nixen sollen Lenks Töchter gestanden haben, während sich der Künstler bei der älteren Frau mit der niedlichen Badekappe, Gerüchten zufolge, von seiner Schwiegermutter inspirieren ließ. Die beiden Wasserspeier mit heruntergelassener Hose, die Fische im Arm halten, repräsentieren ehemalige Bankdirektoren, die sich nicht an der Finanzierung des Projektes beteiligen wollten.

»Hätte ich das vorher gewusst, wäre der Brunnen so niemals genehmigt worden!«, verkündete der Bürgermeister bei der Enthüllung des Brunnens lachend. So zeigt sich auch: Lenks Kunst mag ausgefallen und komisch wirken, eröffnet bei näherer Betrachtung aber stets eine gesellschaftskritische und selbstironische Ebene.

Direkt am Brunnen befindet sich ein Kiosk mit Bodenseewein, Cocktails, Kuchen, Kaffee und kleinen Speisen sowie öffentliche Sanitäranlagen.

20

Gelände der Landesgartenschau
Barrierefreie Standorte: Villengärten und Uferpark
Bahnhofstraße 20 + 38
D-88662 Überlingen
www.ueberlingen2020.de

Nachblühen

Gelände der Landesgartenschau

Welch ein Zittern um die Landesgartenschau in Überlingen! Eigentlich für das Jahr 2020 geplant, machte die Corona-Pandemie den Verantwortlichen einen Strich durch die Rechnung. Zweimal wurde die Großveranstaltung daraufhin verschoben, und dennoch stand ihre Zukunft bis unmittelbar vor der Eröffnung in den Sternen. Durch die kurzfristige Änderung des Infektionsschutzgesetzes konnte die Gartenschau letztendlich im April 2021 ihre Tore öffnen. Seitdem ziehen ihre malerischen Schauplätze Einheimische und Touristen gleichermaßen an.

Anfangs fragte man sich, ob eine Steigerung der Attraktivität Überlingens überhaupt möglich oder nötig sei. Palmen an der Promenade, Blumenrabatte und liebevoll angelegte Grünflächen verhalfen der Stadt bereits zuvor zum Titel »Nizza von Deutschland«. Doch Skeptiker wurden eines Besseren belehrt, denn durch die Gartenschau gewann Überlingen idyllische Plätze und ungeahnt kreative Projekte hinzu. Das gastronomische Angebot wurde erweitert, zahlreiche Ecken im Stadtgebiet erhielten eine zusätzliche Bepflanzung. Das Konzept, vernetzte Grünsysteme zu schaffen, ist aufgegangen.

Wegweiser markieren die Standorte der Gartenschau. Dazu zählen die Menzinger Gärten in sensationeller Höhenlage. Durch deren Position am Hang bedarf ein Besuch allerdings ein gewisses Maß an Kondition. Obwohl das gesamte Gartenschaugelände stufenlos angelegt wurde, erfordert das natürliche Gefälle Überlingens oftmals Trittfestigkeit. Ein Leitsystem weist auf Hindernisse wie Steigungen oder Stolperstellen hin. Leicht zugänglich sind die Villengärten direkt am See mit Pflanzenhaus, Kakteensammlung sowie Möglichkeiten zu essen und Sanitäranlagen. Hinter den dicken Stadtmauern locken die Rosenobelgärten, romantisch inszeniert, mit Aussicht auf See und Berge. Im Zuge der Ausstellung wurden auch der Mantelhafen, der Landungsplatz mit den Schiffsanlegestellen, die Uferpromenade und der Uferpark barrierefrei gestaltet.

An den Standorten der Gartenschau sind auch kreative Spielplätze entstanden, darunter das *Kormorannest* in den Villengärten. Die Enkel werden ihren Spaß haben!

21

Bodensee-Therme Überlingen
Bahnhofstraße 27
88662 Überlingen
+49 (0)7551 3019930
www.bodensee-therme.de

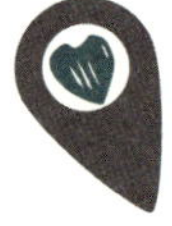

Für Geist und Körper

Saunalandschaft in der Bodensee-Therme

Sie lieben Hitze, den Kälteschock und das sich anschließend ausbreitende Wohlgefühl? Für bekennende Saunagänger ist die Bodensee-Therme in Überlingen der ideale Lieblingsplatz. Auch für Saunaneulinge eignen sich die behaglichen Schwitzbäder, um zu entspannen sowie den Stoffwechsel und das Abwehrsystem anzuregen.

Die weitläufige Saunalandschaft punktet mit hohem Komfort und unterschiedlichen Angeboten für alle Bedürfnisse. Gehören Sie zu den Anfängern und Gelegenheitstätern, sollten Sie mit wenig Hitze anfangen und einen Platz auf den unteren Bänken einnehmen. Denn je weiter oben Sie sitzen, desto höher klettern auch die Temperaturen. Spätestens beim Aufguss werden Sie merken, dass Sie durch den Höhenunterschied die Luftfeuchtigkeit und Wärme unmittelbar unter dem Kabinendach intensiver empfinden. Dieser Effekt wird sogar gesteigert, wenn der Saunameister mit einem Handtuch oder Reisigbesen wedelt, um den Dampf zu verteilen – für eingefleischte Saunagänger ein Hochgenuss, für unerfahrene eine süße Qual.

Empfinden Sie die Luft als zu heiß, können Sie im Garten am Bodenseeufer auf einer der über 200 Liegen eine Pause einlegen oder zum Abkühlen in den See springen. Im halbrunden Ruhehaus sorgen ein Kaminfeuer, kuschelige Decken und Kissen auf bequemen Tagesbetten für Entspannung. Nicht wenige Gäste gönnen sich ein Nickerchen, andere genießen den traumhaften Ausblick auf den See und die Berge.

Oder haben Sie Lust auf eine Wellnessmassage unter freiem Himmel? Im Sommer bieten qualifizierte Fachkräfte Behandlungen direkt am Ufer an. Die wohltuenden Griffe fördern nicht nur die Durchblutung von Muskeln und Gewebe, sondern lassen Sie auf Wolken schweben.

Wenn Sie auch die Bodensee-Saunen in Konstanz und Meersburg kennenlernen möchten, bietet sich das Ticket *Thermen-Trio vom Bodensee* an. Damit können Sie sich in den Thermen jeweils einen Tag lang verwöhnen lassen.

22

Stadtgarten Überlingen
Bahnhofstraße 2
88662 Überlingen
www.ueberlingen-bodensee.de/stadtgarten

Premiumwanderweg SeeGang
Überlingen–Konstanz
Kontakt: Bodman-Ludwigshafen Tourismus
Hafenstraße 5
78351 Bodman-Ludwigshafen
+49 (0)7773 930040
www.premiumwanderweg-seegang.de

Ruhepol

Unterer Stadtgarten

Im Sommer herrscht in Überlingen quirliges Treiben. Einheimische und Touristen drängen sich dicht an dicht an der Promenade, in den Cafés oder den Strandbädern. Möchte man dem Trubel vorübergehend entkommen, bietet der Stadtgarten Zuflucht.

1875 erhielt der Heiligenberger Schlossgärtner den Auftrag, in Überlingen eine Grünfläche anzulegen. Dank der Artenvielfalt und der gelungenen Mischung aus naturnaher und gestalteter Bepflanzung entwickelte sie sich zu einer der bedeutendsten botanischen Anlagen im Bodenseeraum. Durch die klimatisch hervorragende Lage gedeihen mediterrane und exotische Pflanzen wie der Urweltmammut-, der Judas- oder der Taschentuchbaum.

Betritt man die grüne Oase von der Bahnhofsstraße aus, fällt der Blick auf die steile Teufelstreppe am Molassefelsen, die 1999 vom damaligen baden-württembergischen Ministerpräsidenten Erwin Teufel eingeweiht wurde. Ihren Namen verdankt sie allerdings dem Wirt Anton Teufel, dessen Gasthaus sich einst an dieser Stelle befand. Wer die Ruhe genießen möchte, lässt sich auf einer der Bänke rund um den Springbrunnen nieder und die malerische Natur auf sich wirken. Am Rande des Unteren Stadtgartens befinden sich auch öffentliche sanitäre Anlagen.

Wer hingegen etwas Aktivität vorzieht, kann den kurzen, aber steilen Weg zum Oberen Stadtgarten einschlagen. Dort steht, exponiert auf einem Felssporn, ein gusseiserner Pavillon, von dem aus sich ein fantastisches Panorama eröffnet. Der Fernblick reicht vom Überlinger See zum Bodanrück, über die Altstadt mit dem Münsterturm bis zum Obersee und den Alpengipfeln. Links sehen Sie die mächtige Stadtmauer und den Gallerturm. Und haben Sie schon das geheimnisvolle Hexenhäusle entdeckt? Ein Gebäude wie aus dem Märchenbuch, allerdings ohne Hexe, dafür mit kleinen Tischen, die zum Picknick einladen. Kinder lieben diesen Platz, können sie doch auch im benachbarten Gehege Rehe und Hirsche füttern.

Durch den Stadtgarten führt der rund 53 Kilometer lange *Premiumwanderweg SeeGang* nach Konstanz. Die preisgekrönte Route lässt sich auf eigene Bedürfnisse zuschneiden. Ein Gepäcktransport befreit zudem von unnötigem Ballast.

23

Höhengasthaus Haldenhof
Haldenhofweg 51
88662 Überlingen
+49 (0)7773 5613
www.gasthaus-haldenhof.de

Traumhaftes Panorama

Höhengasthof Haldenhof

Bei klarem und sonnigem Wetter ist ein Ausflug zum Höhengasthaus Haldenhof fast schon ein Muss. Ein schöneres Bodensee- und Alpenpanorama findet sich in der Überlinger Gegend nirgendwo. Besonders beeindruckend ist die Aussicht bei Föhn, wenn die Berge zum Greifen nah erscheinen.

Das Gut »uff der Halden«, wie es ursprünglich hieß, wurde 1441 als Wirtschaftshof für die benachbarte Burg Hohenfels erstmals erwähnt. Nachdem das Rittergeschlecht ausstarb, ging das Anwesen in den Besitz des Spitals Überlingen über. Ab dem 19. Jahrhundert machte es sich als beliebtes Ausflugsziel einen Namen, wodurch der Grundstein für die heutige Gaststätte gelegt wurde.

Die beste Zeit für einen Besuch ist nachmittags, denn der hausgemachte Käsekuchen schmeckt köstlich. Dazu einen Kaffee oder ein Gläschen Bodenseewein, während man die Aussicht genießt – mehr braucht es nicht zum Glücklichsein. Auf der großzügigen bewirtschafteten Terrasse und dem Biergarten finden auch Gruppen Platz. Dahinter befindet sich eine weitläufige Wiese mit Liegestühlen, auf denen man ausruhen und Sonne tanken kann, während sich die Enkel auf dem Spielplatz austoben. Sollte sich das Wetter doch trüben, bietet die Gaststube Zuflucht. Die Innenräume wirken heimelig und urgemütlich.

Auch für eine Jubiläumsfeier wie einen runden Geburtstag oder Familienfestlichkeiten bietet sich der Haldenhof an, denn nach dem letzten Absacker können die Gäste sogleich in einem der Hotelzimmer oder in einer Ferienwohnung übernachten. Nach einem ausgiebigen Frühstück laden die vielen umliegenden Wanderwege dazu ein, wieder in Schwung zu kommen und die malerische Umgebung zu erkunden.

Unterhalb des Hofs steht die Burgruine Nieder-Hohenfels. Sie wurde in der zweiten Hälfte des 12. Jahrhunderts von einem Niederadelsgeschlecht und von Ministerialen der Konstanzer Bischöfe erbaut.

24

Spaziergang durch den Spetzgarter Tobel
Startpunkt: Park-and-ride-Parkplatz
Kurt-Hahn-Straße
D-88662 Überlingen

Hofcafé und Hofladen Vogler
Brunnenstraße 14
88662 Überlingen-Hödingen
+49 (0)7551 945244
www.hofcafe-vogler.de

Ein Dschungel in Baden

Spaziergang durch den Spetzgarter Tobel

Ein Spaziergang durch den Spetzgarter Tobel eignet sich bestens für eine Auszeit. Auf der rund zwei Stunden langen Tour kann man wunderbar abschalten und tut gleichzeitig etwas für die Gesundheit. Die gut ausgebaute Strecke erfordert keine großen Anstrengungen, allein im Spetzgarter Tobel wartet ein kurzer, jedoch steiler Aufstieg. Auch Kinder können die Route bewältigen und erfreuen sich an den Kühen, Pferden und Schafen, denen wir auf dem Weg begegnen.

Wir starten auf dem Parkplatz an der Kurt-Hahn-Straße oberhalb von Überlingen, wo sich vis-à-vis öffentliche Sanitäranlagen befinden. Anfangs gehen wir ein paar Minuten entlang der B31, bevor wir linker Hand auf den Spetzgarter Weg abbiegen. Binnen Sekunden ist kein Autolärm mehr zu hören. Wir schlendern vorbei an Obstwiesen, Koppeln und Schrebergärten. Wir genießen den Blick auf den kleinen Ort Aufkirch, während auf der gegenüberliegenden Seite der Überlinger See auftaucht und bei klarer Luft sogar die majestätische Alpenkette sichtbar wird. Nach circa einem Kilometer erreichen wir einen kleinen Wald, der die Grenze zum Spetzgarter Tobel markiert.

Die bis zu 65 Meter tiefe Erosionsschlucht entstand nach der Würmeiszeit, die vor etwa 15.000 Jahren zu Ende ging, und bewahrte weitestgehend ihren naturnahen Zustand. Vieles erinnert heute an einen wildromantischen Dschungel. Schlingpflanzen, Luftwurzeln und Farne bilden ein dichtes Geflecht. Durch das feuchtkühle Mikroklima ist der Tobel zur Heimat seltener nordisch-alpiner Pflanzen geworden. Links klafft die Schlucht, rechts erhebt sich die steile Molassewand.

Bald führt der Weg hinunter zu einer Holzbrücke und wieder hoch über steinerne Stufen zum Schloss Spetzgart, in dem die Oberstufenschüler des bekannten Internats von Salem unterrichtet werden. Sobald die ersten Häuser ins Blickfeld geraten, weist eine geteerte Straße nach Goldbach. Traumhafte Ausblicke garantiert! Von dort spazieren wir zurück durch den kleinen Tobel zum Ausgangspunkt unserer Tour.

Hofcafé Vogler serviert hausgemachte Kuchen bei gutem Wetter im Hof, einmal in der Woche auch ofenfrische »Dinnele«.

25

Haustierhof Reutemühle
Reuteweg 71
D-88662 Überlingen
+49 (0)7551 970785
www.haustierhof-reutemuehle.de

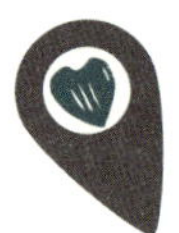

Ein Familienbauernhof als Zoo

Haustierhof Reutemühle in Bambergen

Nicht immer glitzert der See so verführerisch, dass man den Tag am und auf dem Wasser verbringen möchte. Ich verrate Ihnen eine tolle Alternative für einen Ausflug, falls das Wetter mal nicht mitspielt. Vor allem Enkelkindern wird der Besuch des Haustierhofs Reutemühle ein Strahlen ins Gesicht zaubern. Und ich verspreche Ihnen, dass die Kleinen danach müde ins Bett fallen!

Auf dem weitläufigen Areal erfreuen sich Groß und Klein am Anblick von Kängurus, Erdmännchen und Nasenbären. Auf dem zwölf Hektar großen, barrierefreien Gelände sind über 200 verschiedene Gattungen zu Hause. Ein idyllischer, gut befestigter Rundgang führt an Nutztieren wie Pferden, Ziegen und Schafen vorbei, aber auch an exotischen Arten wie Krallenaffen, Kamerunpinselohrschweinen oder Maras. Das Gut ist eine gelungene Mischung aus einem ökologisch betriebenen Bauernhof und einem familiengeführten Zoo und kann sogar einen Eintrag im *Guinness-Buch der Rekorde* als größte Sammlung aussterbender Rassen vorweisen. Auf dem Haustierlehrpfad können Besucher ihr Wissen über Vierbeiner erweitern. Denn wer weiß schon, was ein Wallaby futtert oder wie sich ein Skunk fortbewegt? An der Kasse werden kostenlos kleine Futtersäckchen verteilt, denn manch flauschiger Geselle freut sich über die eine oder andere Zuwendung.

Zahlreiche Spielplätze säumen den Weg, auf denen sich die Kinder austoben können. Die Spielgeräte sind mit Fantasie ausgewählt und bieten eine kreative Abwechslung, die große Freude bereitet. Immer in Sichtweite sind Bänke aufgebaut, auf denen Sie sich währenddessen eine Pause gönnen können. Nach dem Rundgang sorgt die *Kellerschenke,* eine urige Gastwirtschaft auf dem Hofgelände, für Stärkung. Falls Sie auf die Inhaber des Hofes treffen, verwickeln Sie sie ruhig in ein Gespräch. Sie werden merken, mit wie viel Leidenschaft die Familie Schuler ihre Reutemühle betreibt.

Für Großeltern aus der Region eignet sich die *Zusatzkarte für Oma und Opa* in Ergänzung zur Familienjahreskarte. Gäste sollten Bambergen besuchen. Viele Künstler haben sich entschieden, in diesem Dorf abseits des Trubels am See zu leben.

26

Schloss Heiligenberg
Vorhof 3
D-88633 Heiligenberg

Tourist-Information Heiligenberg
Schulstraße 5
+49 (0)7554 998312
D-88633 Heiligenberg

Hoch über dem Bodensee

Schloss Heiligenberg

»Sonne über dem Bodensee« wird der Höhenort Heiligenberg gemeinhin genannt. Wenn in der Ebene, besonders im Herbst, dicke Nebelschwaden die Sicht verhängen und die Glieder schmerzen, flüchten viele auf das Hochplateau zu besseren Wetterverhältnissen. Im Winter hat man sogar oft die Chance, bei strahlendem Sonnenschein spazieren oder langlaufen zu gehen, mit Blick auf die Alpen. Wer nicht nach Heiligenberg kommt, um aktiv zu werden, besucht meist das gleichnamige Schloss, eine Perle der Renaissance.

Im Jahre 1535 gelangte die einstige Burg durch Eheschließung in den Besitz der Fürsten von Fürstenberg, zu deren Eigentum sie noch heute gehört. Erbprinz Christian von Fürstenberg wohnt gegenwärtig mit seiner Familie im Schloss, das in Form von kunsthistorischen Führungen besichtigt werden kann. Das Haus Fürstenberg ließ den Bau in den Jahren 1560 bis 1575 im Renaissancestil umgestalten und zu einer vierflügeligen Anlage ausbauen. Im Südflügel des Schlosses entstand zwischen 1580 und 1584 der große Rittersaal mit seiner reich geschnitzten Kassettendecke, einer der prächtigsten Festsäle der Spätrenaissance in Deutschland und einer der wenigen erhaltenen Prunkräume aus dieser Ära. Im Westflügel schließt sich die reich dekorierte Schlosskapelle an, auch sie ist ein Kleinod der deutschen Renaissance.

Über Führungen informiert die Tourist-Information Heiligenberg. Im Sommer organisiert die Stadt zudem zahlreiche kulturelle Angebote. Heiligenberg ist bekannt für die Lesungen, Jazz-Matineen und Theateraufführungen, die im Sennhof im Schloss stattfinden. Dessen moderne Architektur in Kombination mit der historischen Bausubstanz bildet eine eindrucksvolle Kulisse für Veranstaltungen jeglicher Art. Für jeden Geschmack ist etwas dabei!

Tauchen Sie doch mal oberhalb des Bodensees unter! Das Heiligenberger Höhenfreibad nebenan im Forsthausweg 4 überzeugt mit einem geheizten Becken, Nichtschwimmerbereich, Spielplatz und einer großen Liegewiese (www.pvm-service.de/heiligenberg).

27

Affenberg Salem
Mendlishauser Hof
D-88682 Salem
+49 (0)7553 381
www.affenberg-salem.de

Naturerlebnispark Schlosssee Salem
Schlossseeallee
D-88682 Salem-Mimmenhausen
+49 (0)7553 82330
www.salem-baden.de

Ein tierisches Vergnügen
Affenberg Salem

Ein echtes Affentheater am Bodensee! Doch am Affenberg in Salem werden Sie zunächst von allerlei Federvieh empfangen. Hoch oben auf den Dächern thronen Weißstörche, die hier vor rund 50 Jahren eine Heimat gefunden haben. Danach schlendert man ebenerdig am Ufer eines Weihers entlang, auf dem sich Schwäne, Graugänse und Haubentaucher lautstark Gehör verschaffen. Im Anschluss erstreckt sich schließlich über 20 Hektar das Waldgebiet, in dem etwa 200 Berberaffen leben.

Der circa 1,5 Kilometer lange Rundweg auf dem Berg ist barrierefrei angelegt, beinhaltet jedoch Steigungen und Gefälle. Auf Lichtungen kann man auf Bänken Pausen einlegen und die zutraulichen Vierbeiner beim gegenseitigen Lausen und Toben beobachten. Im größten Affengehege Deutschlands springen die friedlichen Tiere frei herum und nähern sich den Besuchern neugierig. Gerne suchen sie in Handtaschen und Rucksäcken nach etwas Essbarem, stibitzen aber auch hin und wieder eine Brille oder Trinkflasche. Daher wird empfohlen, alle Taschen gut zu verschließen.

Vor Wildtieren wie Füchsen schützt sie der Zaun um das weitläufige Areal. Die Bäume und das Dickicht spenden den haarigen Bergbewohnern Schatten. Die kalte Jahreszeit hierzulande stellt für sie wiederum keine besondere Herausforderung dar, da die Affen in Nordafrika auf über 2.000 Höhenmetern leben und von ihrem Winterfell warm gehalten werden.

Nach dem Rundgang könnten Sie noch das Damwild-Gehege oder die Affen-Schenke besuchen, die vor dem Parkeingang im über 200 Jahre alten Mendlishauser Hofe beheimatet ist. Die zwanglose Selbstbedienung, der malerische Biergarten, ebenerdige Sanitäranlagen und ein Abenteuerspielplatz in Blickweite bieten vor allem Besuchern in Gruppen und mit Kindern den idealen Rahmen, um den Ausflug gemütlich ausklingen zu lassen.

Badespaß pur und ein Eis an der Strandbar – dazu lädt der Schlosssee Salem ein. Der gut erschlossene Naturerlebnispark weckt mit Wasserattraktionen, Erlebnisweg und malerischem Café Urlaubsgefühle.

28

Kloster und Schloss Salem
D-88682 Salem
+49 (0)7553 9165336
www.salem.de

Prachtvolles Kulturdenkmal

Kloster und Schloss Salem

Salem ist vor allem für das berühmte Internat bekannt, das auf dem ehemaligen Klostergelände beheimatet ist. Ein ehrwürdiger Ort, damals wie heute. Wo früher Mönche lebten und lehrten, werden nun Schüler aus der ganzen Welt unterrichtet. Auf dem Gelände trifft man immer wieder auf die Jugendlichen und hört Sprachen aus allen Winkeln der Erde.

Das prächtige Ensemble der Zisterzienser aus dem 12. Jahrhundert gelangte 1802 in den Besitz der Markgrafen von Baden. Seit 2009 gehört es zu den *Staatlichen Schlössern und Gärten Baden-Württemberg.* Die Gebäude sind weitestgehend erhalten geblieben. Besuchern stehen Teile des Schlosses und Klosters offen, auch ein Blick ins Museum lohnt sich.

Zunächst betritt man den Hofgarten mit seinen Kräuter- und Gemüsebeeten. Das gotische Münster daneben wirkt von außen dunkel und puritanisch, besticht im Inneren jedoch mit seiner außergewöhnlichen, hellen Alabasterausstattung im frühklassizistischen Stil. Barocke Prunkräume und prachtvolle Wirtschaftsgebäude führen die Gäste durch die Jahrhunderte vergangener klösterlicher Kultur. Die Äbte des 18. Jahrhunderts beschäftigten Generationen von Künstlern, um das Kloster in neuer Pracht erblühen zu lassen. Es befand sich damals auf dem Höhepunkt seiner Macht und hortete ein Vermögen von rund drei Millionen Gulden. Kurzweilige Führungen informieren über jene geschichtlichen Hintergründe und kunsthistorischen Zusammenhänge. Für Gruppen werden diese individuell zugeschnitten.

Weitere Attraktionen sind das Klostermuseum in der Prälatur und das neue Feuerwehrmuseum beim Sennhof sowie ein Abenteuerspielplatz für die Kleinen. Da das *Weingut Markgraf von Baden* seine Erzeugnisse im Weinkeller des Schlosses keltert, werden zudem thematische Rundgänge rund um den Rebensaft und Degustationen angeboten. Selbstverständlich können Sie im Schlossladen auch Weine des gräflichen Gutes kaufen oder sich nach Hause liefern lassen.

Das Äbtemonument im Münster listet in goldenen Buchstaben alle 40 Äbte bis ins Jahr 1820. Details zeigen zwei Skelette, ein Putto und den Propheten Ezechiel.

29

Landgasthof Apfelblüte
Markdorfer Straße 45
D-88682 Salem
+49 (0)7553 92130
www.landgasthof-apfelbluete.de

Senft Destillerie
Dorfbachstraße 10
88682 Salem
www.senft-destillerie.de

Eine Familie lädt ein

Landgasthof Apfelblüte in Neufrach

Im Hinterland kann man gut essen gehen; das wird Ihnen jeder Einheimische bestätigen. Erkunden Sie deshalb durchaus die Dörfer und Städtchen abseits des Bodenseeufers. Familiengeführte Landgasthöfe überzeugen mit gutbürgerlichen regionalen Speisen und gemütlichem Ambiente. Außerdem werden diese oftmals nicht so überrannt wie die Restaurants direkt am See.

Das generationsübergreifend geleitete Restaurant *Apfelblüte* in Neufrach, circa 20 Minuten von Überlingen entfernt, begeistert mich seit vielen Jahren mit einer kreativen Frischeküche mit heimischem Bezug. Die Auswahl der Hauptspeisen bedient jeden Geschmack. Fleischliebhaber kommen bei Kalbsschnitzel, Hirschragout oder einem perfekt gebratenen Steak voll auf ihre Kosten. Für Freunde des Fisches kredenzt der Küchenchef gerne verschiedene Leckereien vom Grill oder sanft gegarte Filets mit Gemüse und Mandelbutter. Ebenfalls hervorragend schmecken die vegetarischen Gerichte wie gefüllte Paprika mit Couscous oder selbst gemachte Käsespätzle.

Zu jedem Hauptgericht darf sich der Gast selbst einen Salat am Buffet zusammenstellen. Das Preis- Leistungsverhältnis ist vernünftig, die Teller mehr als reichlich gefüllt. Fragen Sie ruhig nach einer kleineren Portion und gönnen Sie sich dafür noch ein Dessert. Zum Beispiel die Salemer Kirschen im Glas mit weißer Schokoladenmousse, so lecker wie Schwarzwälder Kirschtorte à la Bodensee mit einem ordentlichen Schuss Schnaps – wenn es doch schon im Glas serviert wird!

Für den kleinen Espresso oder auch ein Glaserl Brand zum Ausklang empfiehlt sich die ebenerdige Sonnenterrasse, die wie der gesamte Landgasthof in apfelgrünen Akzenten erstrahlt. Die umliegenden malerischen Wälder und Wiesen des Linzgaus bieten sich für einen kurzen Spaziergang nach dem Essen an.

Machen Sie einen Abstecher nach Salem-Rickenbach zur Destillerie der Familie Senft. Seit Generationen produziert der Familienbetrieb köstliche regionale Destillate. Edelbrände wie der *Bodensee Williams* oder die *Bodensee Quitten* sowie heimischer Gin und Whisky sind populäre Geschenke für die Lieben zu Hause oder den nächsten Geburtstag.

30

Wallfahrtskirche Birnau
Zisterzienser Priorat Birnau
Birnau-Maurach 5
Führungen:
+49 (0)7556 92030
88690 Uhldingen-Mühlhofen
www.birnau.de

Himmlisches Barockjuwel

Klosterkirche Birnau

Oberhalb des Sees thront an der *Oberschwäbischen Barockstraße* die imposante Basilika Birnau. Einst im Frühmittelalter eine kleine Marienkapelle, gelangte der Wallfahrtsort durch den Verkauf von Ablässen zu Wohlstand. Das heutige Gebäude wurde von 1742 bis 1750 vom bekannten Barockarchitekten Peter Thumb in malerischer Umgebung errichtet.

Eine Besonderheit des Sakralbaus ist seine Ausrichtung. Normalerweise ist in schwäbischen Kirchen der Altar der aufgehenden Sonne im Osten zugewandt. St. Marien in Birnau wurde jedoch ein Stück weiter gen Norden ausgerichtet, um einen repräsentativen Anblick von der Seeseite aus zu bieten. Und um den gebührenden Eindruck zu erwecken, die Spitze des Kirchenturms berühre den Himmel.

Ebenso eigen wie die Position sind die zahlreichen Uhren im Inneren. Sie sollen unter anderem den Mönchen die Endlichkeit vor Augen führen. Bemerkenswert ist die Monduhr, auf der die »Königin der Nacht« mit einem Stab den Tag des Mondlaufes und eine rotierende Kugel die Mondphasen anzeigen.

Zwei Anekdoten verbergen sich hinter dem Deckenbild oberhalb der Orgel: Dargestellt ist eine konzertierende Engelsgruppe, ihr gegenüber Gottesmutter Maria. Statt den Engeln zugewandt, blickt sie zu den weltlichen Stiftern des Klosters Salem, Guntrams von Adelsreute mit seiner Tochter Mathilde, und den Salemer Äbten – ein Zeichen für den Sieg des schnöden Mammons über himmlische Klänge. Um Maria herum kann man zudem den Urheber des Deckengemäldes entdecken. Maler Götz fiel wohl während der Arbeiten am Bild von der Leiter und verewigte sich mit gebrochenem Bein in der Szene.

Werfen Sie auch einen Blick auf den Putto mit Bienenkorb am Seitenaltar. Der »Honigschlecker« verweist auf die honigsüßen Worte des rhetorisch begabten heiligen Bernhards.

Führungen werden auch für Gruppen unter 15 Personen angeboten. Da die Kirche nicht beheizt werden kann, ist warme Kleidung empfohlen. Die Sanitäranlagen beim Kiosk sind ebenfalls für Menschen mit Mobilitätseinschränkungen geeignet. Kaffee und Kuchen können ebenfalls erworben werden.

31

Bauernhof Möking
(Mai bis September)
Siedlungshof 1
+49 (0)7556 6010
88690 Uhldingen-Mühlhofen
www.bodensee-bauernhof.de

Regionales Brauchtum

Besenwirtschaft Möking

Mit der Kehrwoche, der ach so schwäbischen Tradition, hat dieser Besen wenig gemein. Sein Ursprung geht auf einen Erlass von Kaiser Karl dem Großen aus dem Jahr 791 zurück, der den Bauern erlaubte, ihren Wein auch ohne Konzession auszuschenken und dazu einfache Gerichte zu servieren. Nahte im Herbst die neue Weinlese und der Rebensaft des Vorjahrs war noch vorrätig, luden die Winzer die Dorfbewohner ein, die Fässer bei einem Schmaus zu leeren. Als Kennzeichen des direkten Ausschanks wurden zunächst ein Reisigkranz und später ein umgedrehter Besen vor die Tür gehängt. Ein Brauch, der bis heute bewahrt wurde.

Der Besen des Hofguts Möking schmückt gut sichtbar die Zufahrt. Die traditionelle Besenwirtschaft bietet selbst gemachte Vesper aus hauseigenen Produkten bei Lagerfeuerromantik. Lassen Sie sich frisch aufgeschnittenes, daumendickes Bauernbrot mit Radi schmecken oder vielleicht einen *Jammer-nich-Teller* mit verschiedenen Aufstrichen, Wurst, Käse und köstlicher Butter oder saisonale Gerichte wie die Spargelvariationen. Und versäumen Sie nicht den Nachtisch! Der Pflaumenkuchen ist besonders zu empfehlen, für mich der beste, den es am See zu kaufen gibt: nicht aus Hefeteig, sondern zimtigem Mürbeteig mit vielen Pflaumen oder »Datschi«, wie man bei uns sagt.

An der Mosttheke können Sie selbst zapfen und die verschiedenen Sorten probieren, sei es den *Chef*-, den *Sommer-* oder den *Weibermost*. Mal kräftig stark, mal lieblich fruchtig kommt der Most daher, je nach Gusto. Aber Obacht: Der Fruchtsaft, der durch Pressen gewonnen wird und teilweise vergoren ist, hat es in sich!

Im angrenzenden Hofladen können Sie regionale Erzeugnisse vom Bodensee, leckeres Bauernbrot, schwäbische »Seelen« und hausgemachte süße Backwaren erstehen.

Gruppen sind herzlich willkommen, um Anmeldung wird gebeten. Auch kleine Gäste sind gerne gesehen und haben ihre Freude auf dem Spielplatz.

32

Pfahlbauten Unteruhldingen
Strandpromenade 6
88690 Uhldingen-Mühlhofen
+49 (0)7556 928900
www.pfahlbauten.de

Strandbad Uhldingen-Mühlhofen
Strandpromenade 5
88690 Uhldingen-Mühlhofen

Steinzeit auf dem Wasser

Pfahlbauten Unteruhldingen

Die Pfahlbauten Unteruhldingen gehören zu den bedeutendsten Sehenswürdigkeiten am Bodensee und seit 2011 zum UNESCO-Weltkulturerbe. Obwohl es sich bei den Holzhäusern auf dem Wasser um Nachbildungen handelt, stehen sie als Fotomotiv und Ausflugsziel bei Besuchern aller Altersklassen hoch im Kurs.

Die Originalbauten sind schon längst im See versunken. Taucher entdeckten um 1850 die ersten prähistorischen Siedlungen am Bodensee. Zahlreiche Fundstücke wurden geborgen, die ältesten um die 6.000 Jahre alt, anhand derer das Steinzeitdorf rekonstruiert werden konnte.

Der Museumsbesuch gestaltet sich für kleine wie große Gäste interessant und lehrreich zugleich. Kinder unter fünf Jahren zahlen keinen Eintritt, während für Gruppen individuelle Führungen angeboten werden. Rampen und ein Aufzug erschließen den Rundgang ebenerdig. Er beginnt in dem Rundkino *Archaeorama*, wo die Zuschauer virtuell den Bodensee unter Wasser erkunden können. Sie tauchen zwischen Pfählen hindurch, schwimmen an Fischen vorbei und gelangen nach einigen Minuten an die Wasseroberfläche, um die Pfahlbauten zu bestaunen. Durch die geschickte Kameraführung bleibt zunächst unklar, ob wir uns in der Gegenwart oder in der Stein- beziehungsweise Bronzezeit bewegen.

Im Anschluss können die 23 rekonstruierten Häuschen und 3.000 Jahre alte Geschichte erkundet werden. Die Pfahlbauten, weitestgehend barrierefrei, regen besonders die Fantasie der Kinder an. Die kleinen Gäste können beim Steinzeitparcours selbst ausprobieren, was in *Uhldis Steinzeitküche* wichtig war, welche Beeren einst gesammelt wurden, wie Getreide zu feinem Mehl gemahlen wurde oder woraus die damalige Kleidung bestand. Bei den geführten Ausgrabungen fühlt sich dann jeder wie ein echter Archäologe und nimmt ein Stückchen Steinzeit mit in die Gegenwart.

Nebenan lockt ein Strandbad mit freiem Eintritt. Große Bäume spenden Schatten und ein Kiosk lädt zu Pizza und Eis ein. Die Enkel freuen sich über den Spielplatz am Wasser.

33

Auto- & Traktor-Museum
Gebhardsweiler 1
88690 Uhldingen-Mühlhofen
+49 (0)7556 928360
www.autoundtraktor.museum

Jägerhof Restaurant
Gebhardsweiler 1
88690 Uhldingen-Mühlhofen
+49 (0)7556 9283620
www.jaegerhof-restaurant.de

Eine Zeitreise

Auto- und Traktormuseum

Alte Fahrzeuge entlocken Ihnen nur ein Gähnen? Das *Auto & Traktor Museum* in Uhldingen-Mühlhofen bezaubert die gesamte Familie, versprochen! Die nostalgische, liebevoll gestaltete Ausstellung ist eine Rarität am Bodensee, denn sie bietet so viel mehr als Technik. Dieser Platz entführt auf einen wunderschönen Streifzug durch ein Jahrhundert des Land- und Stadtlebens. Begeben Sie sich auf eine abwechslungsreiche Zeitreise, in der Erinnerungen wieder aufblühen.

Im Mittelpunkt des Museums stehen natürlich Traktoren, auf Hochglanz poliert und teilweise um die 100 Jahre alt. Manche haben den halben Globus umrundet, um Teil der Ausstellung zu werden. Beeindruckend sind auch die nachgebauten Handwerksstätten heute oft vergessener Berufsstände wie Küfer, Böttcher oder Schuhmacher. Ein altes Klassenzimmer, ein Wohnzimmer aus der Gründerzeit, Fernsehapparate aus den 1920er-Jahren – Schauplätze und Exponate versetzen Besucher in die (gute) alte Zeit zurück. Jeder kann etwas Liebgewonnenes oder längst Verschollenes aus der eigenen Vergangenheit entdecken. Ständig möchte man stehen bleiben und seine eigene Geschichte zu den Dingen erzählen. Wer erinnert sich noch an den Tabakladen um die Ecke oder den ersten selbstverdienten Campingurlaub ab den 1950er-Jahren?

In der Gruppe kann man sich über eigene Erfahrungen von damals austauschen und lachen. Haben Sie Enkel, nehmen Sie sie unbedingt mit. Nur selten bietet sich solch eine Gelegenheit, eigene Erinnerungen den Kindern derart eindrücklich zu vermitteln – und das mit Spaß! Die Kleinen dürfen sogar mit bereitgestellten Rutschautos durch die Ausstellung düsen. Vollständig barrierefrei ist auch das angrenzende Restaurant Jägerhof, wo man bei Kaffee und Kuchen oder saisonaler und regionaler Küche den Besuch ausklingen lassen kann!

Die Ausstellung punktet mit einem ausgezeichneten Service. Unter anderem werden Rundgänge für Gruppen und für Kinder angeboten. Das günstige Familienticket gilt auch für Großeltern. Für Menschen mit Gehbeeinträchtigung werden sogar Rollstühle zur Verfügung gestellt.

Rund um Meersburg und Lindau am Obersee

34

Altstadtbummel Meersburg
Startpunkt: Schiffsanlegestelle Meersburg
Seepromenade
D-88709 Meersburg

Tourist-Information Meersburg
Kirchstraße 4
D-88709 Meersburg
+49 (0)7532 440400
www.meersburg.de

Postkartenidylle

Bummel durch die Altstadt

Malerische Häuser schmiegen sich in strahlenden Farben an den Hang. Mit sonnengelben, kräftig roten oder hellblauen Fassaden buhlen sie um die Gunst des Betrachters. Bunte Holzläden, efeuumrankte Mäuerchen und blühende Geranien vervollständigen die Postkartenidylle eines der schönsten Städtchen am Bodensee.

Da Meersburg jährlich über eine Million Tagestouristen anzieht, lassen wir das Auto stehen und nähern uns vom Wasser aus. Nachdem das Schiff angelegt hat, bummeln wir durch die ebene Unterstadt am Ufer, wo einst Fischer und Fährleute lebten. Die *Magische Säule* des Bodmaner Bildhauers Peter Lenk zieren herausragende Meersburger Persönlichkeiten, so auch die Schriftstellerin Annette von Droste-Hülshoff und das Edelfräulein Wendelgard von Haltnau. Ebenfalls nicht zu übersehen ist das ziegelrote Grethaus, der ehemalige Kornspeicher der Stadt. Entlang der Seepromenade locken viele schmucke Cafés und Restaurants.

Wer Meersburg weiter erforschen möchte und den Anstieg nicht scheut, erkundet anschließend bei einem Spaziergang die Oberstadt. Nachdem wir das Untertor passiert haben, führt die berühmte Steigstraße den Hang hinauf. Nehmen Sie sich Zeit, denn auf der Flaniermeile Meersburgs gibt es vieles zu entdecken. Kleine Geschäfte und gutbürgerliche Lokale laden zu Pausen ein. Oben angekommen, erwartet Sie das *Neue Schloss Meersburg*. Heute barrierefreies Museum, diente der Barockbau bis 1803 als fürstliche Residenz, bevor er unter anderem ein »Fräulein-Institut«, und eine Seemannsschule beheimatete. Am Staatsweingut nebenan eröffnet sich ein phänomenaler Ausblick auf den Hafen und den See. Von der Katholischen Stadtkirche aus können Sie an der Stettener Straße den Bus zurück nehmen, oder Sie steigen die sogenannte Rieschentreppe hinab, die am gleichnamigen Weinberg entlang mit 171 Stufen wieder in die Unterstadt führt.

An der Mauer der Burg führt ein »Geheimweg« von der Ober- zur Unterstadt. Vorbei am Fachwerkhaus der Schlossmühle, in der sich auch eine öffentliche Toilette »versteckt«, und unter der Zugbrücke hindurch gelangen Sie im Schatten hinunter an den See. Am Hafenanleger finden Sie ebnefalls Sanitäranlagen.

35

Burg Meersburg
Schlossplatz 10
D-88790 Meersburg
+49 (0)7532 80000
www.burg-meersburg.de

Wahrzeichen der Stadt

Burg Meersburg

In Meersburg steht die älteste bewohnte Burg Deutschlands. Laut Überlieferungen soll die Festung im 7. Jahrhundert von den Merowingern unter König Dagobert I. gegründet worden sein. Bereits seit Ende des 19. Jahrhunderts gilt die Wehranlage als Wahrzeichen der Stadt und zieht heute mit ihrem pittoresken Charme zahlreiche Besucher an. Im mittelalterlichen Burgmuseum können Sie zudem in die Welt der Dichterin Annette von Droste-Hülshoff eintauchen, welche die Burg von 1841 bis 1848 bewohnte und an diesem Ort viele ihrer Gedichte zu Papier brachte.

Gruppen und Senioren sowie ihre Enkel erhalten ermäßigten Einlass. Die Eintrittskarten werden auf der Brücke zur Festung von einer mittelalterlichen Gestalt mit einem Schwert durchstoßen. Was für ein spektakulärer Start! Der Rundgang durch 30 Räume wie den historischen Wohntrakt, die Burgküche oder den Rittersaal versetzt Besucher in längst vergangene Zeiten. Die Waffenhalle, das Verlies und die Folterkammer zeugen vom erbarmungslosen Leben in der dunklen Epoche. Sogar ein Geheimgang bleibt den neugierigen Blicken nicht verschlossen, der vom Pferdestall der Burg direkt hinunter an den Bodensee führt. Zur Ausstellung gehört auch das Arbeits- und Sterbezimmer der Annette von Droste-Hülshoff.

Vergessen Sie nicht eine leichte Jacke mitzunehmen, denn in den dicken Gemäuern herrschen kühle Temperaturen. Bei Bedarf können Sie sich verschiedenen Themenführungen anschließen, wobei die Tour im Dagobertsturm körperliche Anstrengung erfordert. Im Rahmen spezieller Droste-Führungen dürfen die sonst nicht zugänglichen Privaträume der Dichterin besucht werden.

Empfehlenswert ist das Burgcafé, das in einem Barocksaal untergebracht ist, der den Fürstbischöfen von Konstanz früher zu Repräsentationszwecken diente. Bei Kuchen und Torten können Sie sich nach dem Rundgang stärken. Auf der Terrasse genießen die Gäste zudem in mittelalterlicher Atmosphäre eine grandiose Aussicht auf den Bodensee.

Am zweiten Wochenende im Oktober findet stilecht ein Mittelaltermarkt auf der Meersburg statt, zu dem Besucher aller Altersklassen in historischen Kostümen strömen.

36

Vineum Bodensee
Vorburggasse 11
D-88790 Meersburg
+49 (0)7532 440260
www.vineum-bodensee.de

Wein, Kultur, Geschichte

Museum *Vineum Bodensee*

Was das englische Wort »mesmerize« (»verzaubern«, »hypnotisieren«) mit den alten Gemäuern aus dem frühen 17. Jahrhundert zu tun hat, erfahre ich bei einem Besuch im *Vineum Bodensee*.

Das Meersburger Weinbaumuseum *Mesmerhaus* wurde im Jahr 2016 eröffnet. In dem nach ihm benannten Gebäude wohnte Franz Anton Mesmer nur wenige Jahre, bevor er 1815 verstarb. Der umstrittene Arzt und Magnetiseur begründete den *Animalischen Magnetismus,* hypnotisierte (oder verzauberte) seine Mitmenschen, erkundete Wundersames und gilt als Wegbereiter der Parapsychologie. Heutzutage ereignen sich im ehemaligen Heilig-Geist-Spital weniger wundersame Dinge, dennoch werden alle Sinne der Besucher angesprochen.

Das barrierefreie Museum fasziniert mit einer einzigartigen Ausstellung zur Geschichte eines der ältesten Kulturgüter der Menschheit, das in Meersburg wie am gesamten Bodensee eine herausragende Rolle spielt: dem Wein. Gleich zu Beginn stehen wir in der Eingangshalle vor dem größten Exponat, dem *Heiliggeist-Torkel* aus dem Jahr 1607. Er gehört zu den ältesten und größten noch funktionsfähigen Weinpressen Europas und ist stummer Zeuge mehrerer Kriege, Hungersnöte und Naturkatastrophen. Seit Jahrhunderten steht das historische Technikdenkmal an derselben Stelle. Ein darauf projizierter Film zeigt anschaulich seine beeindruckende Funktionsweise.

Der anschließende Rundgang auf 600 Quadratmetern beleuchtet alle Facetten des Rebensafts als Lebensquell, Kulturgut mit ritueller Bedeutung, Genussmittel, Statussymbol und Rauschmittel. Jede Station kommt einer Hommage gleich, alle lehrreich und kurzweilig, manche zum Mitmachen und Ausprobieren. Unterhaltsam gestaltet sich die Installation eines Fotografen, der Personen aus seinem Bekanntenkreis vor und nach einem, zwei beziehungsweise drei Gläsern Wein abgelichtet hat. Wer die Probe aufs Exempel machen möchte, kann an einer der Führungen teilnehmen – mit oder ohne Weinverköstigung!

Ein Aufzug führt in das erste Geschoss zur Garderobe, barrierefreien Toilette und zur Ausstellung in der zweiten Etage. Im dritten Stock finden regelmäßig Kulturveranstaltungen statt.

37

Fürstenhäusle Meersburg
(März bis November)
Stettener Straße 11
D-88709 Meersburg
+49 (0)7532 6088
www.fuerstenhaeusle.de

Das »Schwalbennest«

Fürstenhäusle in Meersburg

5.000 Weinreben und ein schlichtes massives Gartenhäuschen – dieses Ensemble in Meersburg erstand die berühmte Dichterin Annette von Droste-Hülshoff 1843 bei einer Auktion für nur 400 Reichstaler. In ihren Briefen schreibt sie später, wie erstaunt sie selbst über diesen Glücksgriff war.

Kaum bekannt ist, dass während der Versteigerung zahlreiche Honoratioren, gut betuchte Bürger und Winzer der Stadt ein Auge auf das Grundstück geworfen hatten, jedoch nicht mehr mitboten, als die Schriftstellerin ihr Interesse bekundete. Die unverheiratete Droste-Hülshoff war zwar nicht mittellos, viel Geld stand ihr dennoch nicht zur Verfügung, besaßen doch die wenigsten Frauen Mitte des 19. Jahrhunderts ein eigenes Einkommen. Bezahlen konnte sie das Weinrebenhaus mit der Leibrente, die ihr ihr Bruder zugestand, und dem Honorar ihres zweiten Gedichtbandes. Nebenbei sei bemerkt, dass zwischen dem Gebäude und ihrer Familie eine Verbindung bestand. Ein Ahne Droste-Hülshoffs duellierte sich um 1700 mit dem Bauherren Jakob Fugger, Fürstbischof in Konstanz. Der Verwandte der Dichterin wurde bei der tödlichen Begegnung auf dem Petersplatz in Rom erstochen.

Nachdem das einstige Gartenhaus der Fürstbischöfe 1803 in Säkularisation in den Besitz der badischen Markgrafen überging, stand es jahrzehntelang leer. Annette von Droste-Hülshoff hauchte dem Gebäude neues Leben ein und machte es zu ihrem geliebten Rückzugsort. Voriges Jahrhundert erweiterte ein Neffe das einstige »Schwalbennest« seiner Vorfahrin. Im Anbau wurden von den *Staatlichen Schlösser und Gärten Baden-Württembergs* ein Besucherzentrum und ein Museum zu Ehren der Dichterin untergebracht. Biedermeierliches Mobiliar und Alltagsgegenstände aus dem Besitz der Familie halten die Erinnerung an Annette von Droste-Hülshoff wach. Nach ihrem Tod 1848 unverändert blieb der traumhafte Blick über den See bis zu den Alpen, den die Dichterin selbst als »fast zu schön« beschrieb.

Bei einer Sanierung 2018 wurde das Fürstenhäusle generalüberholt und unter anderem durch den Einbau von Aufzügen besser zugänglich gestaltet.

38

Hotel Residenz am See
Uferpromenade 11
D-88709 Meersburg
+49 (0)7532 80040
www.hotel-residenz-meersburg.com

Kochtipps vom Profi

Hotel-Restaurant *Residenz am See*

Vorzüglich speisen lässt es sich vielerorts am Bodensee, ist die Region doch ein bekanntes Eldorado für Feinschmecker und Naschkatzen. Im Hotel *Residenz am See* in Meersburg können Sie gleich zwischen zwei hervorragenden Küchen wählen. Tendieren Sie zu klassischen Gerichten mit regionalen Produkten, oder wählen Sie die französisch-mediterrane Küche von

Sternekoch Markus Philippi? Und wo sonst bekommt man die Gelegenheit, selbst auf höchstem Niveau mit Profis zu kochen?

Markus Philippi lädt Jung und Alt, Neulinge und erfahrene Hobbyköche zu Kursen in die Kochakademie ein. Bewaffnet mit Schürze, einem Begrüßungsgetränk und der »geheimen« Rezeptmappe für auserlesene Kreationen, finden wir uns in der hoteleigenen Restaurantküche wieder. Sogleich geht es los, denn bei Herrn Philippi wird nicht nur gefachsimpelt.

Wir wickeln Rehfilets – vom Senior des Hauses selbst erlegt – in einen Mangoldmantel und verschließen diese mit einer Farce aus Geflügel. Wir karamellisieren Zucker für das Curry-Hokkaido-Kraut, gelieren Parmesanmousse für die Vorspeise und garen ganz nebenbei fünf prachtvolle kanadische Hummer in exakt drei Minuten! Zuerst zögerlich, dann immer mutiger und mit viel Freude lernen wir neue Handgriffe. In entspannter Atmosphäre plaudern wir mit dem Chefkoch, der uns viele Tipps und Tricks verrät. Trotz aller Leichtigkeit erhalten wir einen Eindruck, wie anspruchsvoll gehobene Küche in der Zubereitung ist. Die Zutaten verfügen über beste Qualität. Die Köche kaufen am liebsten direkt von Erzeugern, die sie persönlich kennen und zu denen sich über die Zeit eine vertrauensvolle Beziehung entwickelt hat.

Nach drei lehrreichen Stunden dürfen wir an einer schön gedeckten Tafel im Restaurant Platz nehmen und unser selbst zubereitetes Drei-Gänge-Menü genießen. Herrgottsakra, können wir gut kochen!

Nach dem Essen oder Kochen keine Lust mehr, ins eigene Domizil zu fahren? Das Romantik-Hotel bietet wunderschöne Zimmer mit Blick auf den See und ein sagenhaftes Frühstücksbuffet.

39

Rebhäuschen am Bodensee
Via: Höhenweg
D-88709 Meersburg

Rebgut Haltnau
Uferpromenade 107
D-88709 Meersburg
+49 (0)7532 9732
www.rebgut-haltnau.de

Auszeit in den Weinbergen

Rebhäuschen am Bodensee

Sobald im Frühjahr die Tage wärmer werden und in den Weinbergen die frischen grünen Blätter sprießen, muss ich sofort einen meiner Lieblingsplätze aufsuchen. Obwohl es sicherlich nicht das imposanteste Bauwerk ist, steht das *Rebhäuschen am Bodensee* für den liebenswerten Charme der Region. Zwischen Meersburg und dem gemütlichen Winzerdorf Hagnau finden

Sie auf halber Höhe eine Art Turm mit einer kleinen Bank auf der Seeseite, gerade groß genug für zwei Personen und einen Picknickkorb. Inmitten von Weinbergen und Apfelplantagen eröffnet sich an diesem Platz ein imposanter Ausblick.

Schon von Weitem sehen Sie das Häuschen, das zwischen Rebstöcken oberhalb des Ausflugslokals *Rebgut Haltnau* emporragt. Gehen Sie auf dem Höhenweg am Wetterkreuz an der *Gedenkstätte Lerchenberg* vorbei in Richtung Türmchen. Der Anstieg verläuft sanft und die Wege sind asphaltiert, sodass Sie den Platz bei einem gemächlichen Spaziergang nach spätestens 30 Minuten erreichen. Auf der Bank an der hinteren Seite können Sie ausspannen, die Aussicht genießen und dem Nichtstun frönen. Alles, was Sie möchten und der Seele guttut. Schauen Sie dem emsigen Treiben an dem Uferweg bei der Haltnau zu, zählen Sie die Segelboote auf dem Wasser oder suchen Sie in der Ferne die Bergspitzen des Säntis und des Pfänders. Wenn Sie Glück haben, können Sie hoch oben in der Luft einen Falken beobachten, der unermüdlich seine Kreise zieht. Eine Vesper rundet den Ausflug ab, vielleicht ein Stück Zwetschgendatschi mit Kaffee oder lieber eine deftige Brezel und ein Schäufele?

Möchten Sie lieber einkehren, kann ich Ihnen das nahe *Rebgut Haltnau* ans Herz legen. Auf der Terrasse und im Biergarten sitzen Sie direkt am Wasser, während die Kinder auf dem hofeigenen Spielplatz herumtollen können. Im Angebot stehen Kaffee und Kuchen sowie hausgemachte Flammkuchen.

Vom Rebhäuschen ist es nicht mehr weit nach *Hagnau*. In dem kleinen Winzerdorf gibt es das beste hausgemachte Eis weit und breit. Laufen Sie vom Rebgut Haltnau die zweieinhalb Kilometer an der Promenade entlang zur Eisdiele Kiebele in der Seestraße 38 (www.kibele-eis.de).

40

Weingut Aufricht
Höhenweg 8
D-88719 Stetten
+49 (0)7532 2427
www.aufricht.de

Vom Himmel bis zum Wasser

Weingut Aufricht

Der Bodensee kann eine Diva sein: funkelnd, elegant und leuchtend schön. Manchmal ähnelt er jedoch eher einem Griesgram: grau, trist und trüb. Diesem launenhaften Wechsel von strahlendem Sonnenschein zu dichtem Nebel verdanken wir in der Region den Weinanbau. Vor allem in den kälteren Jahreszeiten gleicht der See ungünstige Wetterbedingungen aus. Im Winter reguliert er die niedrige Lufttemperatur, ähnlich einer riesigen Klimaanlage. Im Herbst unterstützen die Lichtreflexionen auf dem Wasser die Reifung der Trauben. Davon profitiert in erster Seereihe auch das Weingut der Familie Aufricht. Ihr rund 35 Hektar großes Land zieht sich inmitten des *Meersburger Landschaftsschutzgebiets* bis ans Ufer. Die unteren Rebstöcke berühren fast das Wasser, während die oberen auf rund 500 Meter Höhe wachsen, wo Weinanbau nahezu unmöglich erscheint.

Bei einem Spaziergang von Meersburg nach Hagnau auf dem gut ausgebauten Höhenweg durch die Rebenhänge passieren wir das Weingut. Der moderne Verkostungsraum aus Naturmaterialien wie Sandstein und Eiche bildet einen stimmigen Rahmen für die Weinverkostung. Die geschmackvolle, farbenfrohe Dekoration passt zu den Etiketten der präsentierten Produkte, die im Direktverkauf erworben werden können. In der stimmungsvollen Atmosphäre dürfen wir unter fachmännischer Beratung jeden Wein probieren. Beschwingt tauche ich in die Welt des Rebensafts ein. Besonders angetan hat es mir der Grüne Veltliner, einzigartig am See und mit Würze im Geschmack, perfekt zu Spargel und lauen Sommernächten – übrigens auch der Liebling von Manfred Aufricht.

Die jüngste Generation der Winzerfamilie hat 2020 auf dem Weingut eine wunderschöne Besenwirtschaft eröffnet, die in den warmen Monaten authentisches Küchenhandwerk aus lokalen Zutaten zum hauseigenen Wein anbietet. Mitten zwischen den Weinbergen, mit Blick auf den See und passendem Namen: *Fräulein Seegucker*.

Im oberen Stockwerk des Guts unterhalten regelmäßig berühmte Köche und Künstler aus verschiedensten Bereichen mit ihren Auftritten interessiertes Publikum.

41

Burgunderhof Bodensee
Familie Renn
Am Sonnenbühl 70
D-88709 Hagnau
am Bodensee
+49 (0)7532 807680
www.burgunderhof.eu

Bäckerei Löwen
Im Gasthaus Löwen
Hansjakobstraße 2
D-88709 Hagnau
am Bodensee
+49 (0)7532 433980

Edler Wacholderbrand

Burgunderhof Renn

»Leidenschaft muss ins Glas!« An dieser Umsetzung arbeitet seit geraumer Zeit Julia Renn, Tochter einer alten Hagnauer Winzerfamilie. Sie führt die Tradition auf dem Burgunderhof fort, wagt sich aber auch auf neue Pfade. 2017 brachte sie den ersten eigenen Gin heraus, obwohl sie anfangs eigentlich nicht in das Modegetränk investieren wollte. Doch das »Herz schlägt für Weine und edle Brände«, und schlussendlich konnte sie einen Gin präsentieren, an dem alles ungewöhnlich ist, allein schon der Name: *Mile High 69.*

Dieser geht auf ein außergewöhnliches Hobby der Destillateurin zurück, denn sie ist passionierte Freizeitpilotin und benannte ihren Gin nach dem legendären *Mile High Club,* mit dem der Erfinder des Autopiloten, Luftfahrtpionier Lawrence Sperry, seine Entwicklung ins Gespräch brachte. Bei einem Testflug 1916 habe er auf einer Flughöhe von exakt einer nautischen Meile auf den neuen Autopiloten umgeschaltet – um seine Flugschülerin Cynthia Waldo Polk zu verführen. Damit war der heute noch sagenumwobene *Mile High Club* ins Leben gerufen. Julia Renn orientierte sich an dem mit der Legende assoziierten Lebensmotto der Leidenschaft und Lebensfreude. Und warum der Zusatz »69«? Ein Schelm, der anderes denkt, denn es bedurfte schlicht genau 69 Arbeitsschritte von der Idee zum Gin-Produkt.

Auf dem inhabergeführten Burgunderhof können Sie der jungen Hubschrauberpilotin über die Schulter schauen, die Spirituose mit bester Qualität und harmonischem Geschmack verkosten und erwerben. Wer etwas mit weniger Prozenten sucht, wird sicherlich im breiten Angebot biologischer Weine oder alkoholfreier Sekte fündig, die der Hof ebenfalls herstellt.

In der Bäckerei Löwen gibt es die besten Dinkelseelen am Bodensee. Unbedingt probieren! Die Gemüsekuchen in höchster handwerklicher Qualität sind eine tolle Alternative zu den sonst süßen Naschereien. Eine Filiale am Schiffsanleger in der Meersburger Straße versorgt Spaziergänger am See.

42

Nachtwächter-rundgang
Startpunkt: Rathaus
Schloßweg 6–8
D-88677 Markdorf

Tourist-Information Markdorf
Marktstraße 1
D-88677 Markdorf
Anmeldung:
+49 (0)7544 500290
www.gehrenberg-bodensee.de/event/nachtwaechterrundgang

»Hört ihr Leut …«

Historischer Nachtwächterrundgang

Punkt 21 Uhr trifft sich eine kleine Menschenmenge vor dem Markdorfer Rathaus. Ein lauter, dumpfer Ton erklingt aus dem Horn des Nachtwächters. Die stattliche Gestalt mit Laterne und Stab in den Händen passt ideal in die historische Kulisse des Gehrenberg-Städtchens. Doch wer nun einem romantischen Bild nachhängt, hat weit gefehlt. Nachtwächter standen im Mittelalter auf der untersten Stufe der Berufsstände und besserten ihren bescheidenen Lohn oft als Leichenträger auf.

Der Nachtwächter, der vor uns steht, ist jedoch keiner dieser meist raubeinigen Gesellen, sondern wirkt sympathisch und vertrauenserweckend. Gerne lassen wir uns von ihm das alte Markdorf zeigen. Seine Führung bietet sich für Gruppen um die zehn Teilnehmer an, die sich kurzfristig ein paar Tage vorher anmelden können. Der Rundgang durch den historischen Stadtkern verläuft ebenerdig auf gut beleuchteten Straßen und dauert eineinhalb Stunden bei gemächlichem Tempo.

Gewöhnungsbedürftig ist anfangs allein die Ausdrucksweise unseres Begleiters, die mit altertümlichen Begriffen gespickt ist. Mit Rufen, Gedichten und Gesängen berichtet er von Schaurig-Schönem. Am Untertor erfahren wir, was zur Ausrüstung des Nachtwächters gehört: eine Hellebarde, ein Hut oder Helm, das Horn zum Verkünden des Stundenrufs oder eines Warnsignals, die Laterne, eine wetterfeste Tasche und ein warmer Umhang. Am Hexenturm, einst Teil der mittelalterlichen Stadtbefestigung, berichtet er von der einst geschlossenen Ringmauer um Markdorf. Bis nach 1945 als Gefängnis genutzt, beheimatet der Turm heute ein Museum, das das Leben in den Arrestzellen näherbringt. An der Kaplanei nebenan motiviert der Wächter die Gruppe zu einem kurzen und ungewöhnlichen geistlichen Taizé-Gesang, denn »wer singt, der betet zweimal«. Sein Wort in Gottes Ohr!

Am 30 Meter hohen Gehrenbergturm an der Großherzog-Friedrich-Warte befindet sich die sogenannte »Rutsche«. Der fast 30 Meter tiefe Abgrund gibt einen schönen Blick auf den Bodensee frei. Achtung vor der Kante! Parken können Sie in circa 250 Meter Entfernung, der Weg ist asphaltiert.

48

Segelfahrt mit der Lädine
(Sommer)
Am Landungssteg
D-88090 Immenstaad am Bodensee
+49 (0)7545 9010929
www.laedine.de

Dinnele- und Vesperstube *Zur Felle*
Familie Heberle
Frickenwäsele 4
D-88090 Immenstaad
+49 (0)7545 3433

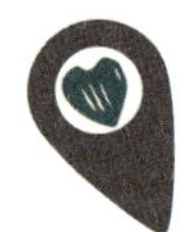

Ein Schiff mit Geschichte

Segelfahrt mit der Lädine

Tauchen Sie ein ins 18. und frühe 19. Jahrhundert: Zahlreiche hölzerne Schiffe segeln, rudern oder staken auf dem Bodensee von einer Siedlung zur anderen, geladen mit teurer Fracht.

Transportiert werden wertvolles Speisesalz von Ost nach West, Baumaterialien aus dem südlichen Rorschach zu den Ortschaften am Nordufer und landwirtschaftliche Erzeugnisse wie

Getreide oder Wein zu den Märkten oder in die Lagerhäuser der Klöster und Handelsherren. Die großen Frachtschiffe heißen »Lädine«, abgeleitet vom alemannischen Begriff »Läde« für »Last«. Die Lastensegler bieten eine günstigere und schnellere Beförderung der Waren als zu Land mit Ochsen oder Pferden. Bei der Besatzung hoch im Kurs stehen vor allem die Weintransporte, werden sie doch in Naturalien vergütet.

Nachdem die hölzernen Großkähne 500 Jahre lang die Bodenseeschifffahrt dominierten, gerieten sie ab Mitte des 19. Jahrhunderts durch die Verbreitung des Dampfantriebs und der Fertigstellung der Bodenseegürtelbahn langsam in Vergessenheit. Dass wir heute in den Genuss einer Segelfahrt auf den historischen Schiffen kommen, verdanken wir einem Zufallsfund in den 1980er-Jahren vor dem Immenstaader Ufer. Das Wrack eines Vorgängertyps wurde gehoben und in mühevoller Handarbeit nachgebaut.

Fast täglich sticht der schöne Holzrahsegler im Sommer ab Immenstaad in See zu Rund- und Themenfahrten. All diese versprechen ein Segelerlebnis mit Geschichte, allerdings mit dem heutigen Komfort. Ein Getränkeservice und eine Toilette garantieren eine sorgenlose Auszeit zu Wasser, bei der Erholung und Wohlbefinden an erster Stelle stehen. Gruppen ab zehn Personen erhalten Ermäßigung. Für einen Ausflug mit den Enkelkindern empfiehlt sich neben der Wikinger- die Piratenfahrt. Ausgestattet mit Augenklappe und Piratentuch, lösen die Passagiere knifflige Rätsel um einen sagenumwobenen Schatz und erleben spannende Abenteuer an Bord.

Mitten in Immenstaad, in der Nähe der Kirche, verwöhnt Familie Heberle in ihrer Vesperstube, einer umgebauten Scheune, Gäste mit selbst gemachten Dinnele und regionalen Gerichten.

44

Höpker Café Confiserie
Birnauweg 10
D-88048 Friedrichshafen
+49 (0)7541 41272
cafe-hoepker.de

Hotel Traube am See
Meersburger Straße 11
D-88048 Friedrichshafen
+49 (0)7541 9580

Im süßen Tortenhimmel

Confiserie-Café Höpker in Fischbach

»Kündige sofort – Stopp – Genehmigung erteilt – Stopp – deine Mutter!« Ein Telegramm mit diesem eindringlichen Wortlaut erreichte den Friedrichshafener Konditorensohn Heinz Höpker 1953 in der Schweiz. Und mit ihm beginnt die erfolgreiche Geschichte des Traditionsunternehmens *Café Höpker* in Friedrichshafen-Fischbach.

Uroma Emilie eröffnete in dem damaligen Siedlungshäuschen ein kleines Kaffeehaus mit exquisiten Leckereien. Um ihre Idee kurzerhand zu verwirklichen, rief sie eiligst ihren Sohn herbei, der damals in der Schweiz arbeitete. Da der Raum ziemlich beengt war, wurde die Backstube in die Garage verlegt und der Kuchen durch das Küchenfenster verkauft. Wollten Kunden Kaffee und Backwerk vor Ort genießen, luden die Höpkers ins eigene Wohn- und Esszimmer ein.

Seitdem hat sich viel verändert, aber nicht die familiäre Atmosphäre und die Qualität des Backhandwerks. Heute zieht es Gäste bei schönem Wetter von weither in den verträumten Garten hinter dem Haus, von dem beim Betreten des kleinen Ladens nichts zu ahnen ist. Mit Schatten spendenden Bäumen, bunten Blumen und einem mit Seerosen bedeckten Teich gleicht er im Sommer einer idyllischen Oase abseits des Trubels am See. Im Frühling können Besucher ungestört die ersten wärmenden Strahlen genießen und im Herbst das goldene Licht, während sie im Sonnenschein süße Köstlichkeiten naschen.

Die Auswahl wird auch Ihnen sicherlich schwerfallen, jede Torte kommt einem Kunstwerk gleich und der ausgezeichnete Geschmack verführt dazu, sich ein zweites Stückchen zu gönnen. Eine wechselnde Wochenkarte stillt auch den kleinen herzhaften Hunger.

Mittlerweile wird der Familienbetrieb in vierter Generation von drei Schwestern geführt. Mit Fachwissen und Herzlichkeit verknüpfen sie hochwertiges traditionelles Handwerk mit Nostalgie und modernem Pfiff.

In Fischbach kann man als Tagesbesucher im Wellnessbereich des Hotels Traube am See die Seele baumeln lassen und höchsten Komfort genießen.

45

Zeppelinflug Friedrichshafen
(Mai bis November)
Start: Zeppelin-Hangar auf dem Bodensee-Airport
D-88046 Friedrichshafen

Deutsche Zeppelin-Reederei GmbH
Messestraße 132
D-88046 Friedrichshafen
+49 (0)7541 59000
www.zeppelin-nt.de/de/friedrichshafen.html

Im Bauch der »Zigarre«

Zeppelinflug über den Bodensee

Viele Gäste am Bodensee zieht es ins Zeppelin-Museum. Doch möchten Sie einmal an Bord des legendären Fluggeräts gehen und damit abheben?

In Friedrichshafen können Sie einen Zeppelinflug auf verschiedenen Routen buchen und den See dabei aus einer einzigartigen Perspektive betrachten. Eine besondere körperliche

Eignung ist nicht erforderlich und Beeinträchtigungen von (medizinischen) Geräten durch die Bordtechnik muss niemand befürchten. Nach 50 Metern Fußweg auf dem Bodensee-Flughafen führt eine fünfstufige Treppe in den Bauch der »Zigarre«.

Steigen Passagiere des vorherigen Flugs aus, werden sie durch genauso viele neue ersetzt, um den nicht verankerten Zeppelin in Balance zu halten. Lautlos schwebt dieser dann auf eine Höhe von rund 300 Meter. In der modernen Kabine herrscht Bewegungsfreiheit, die Gäste können die Plätze wechseln oder dem Piloten über die Schulter schauen. Schwerelos gleitet der Zeppelin über den glitzernden Bodensee, nur manchmal schaukelt er leicht. Dadurch entsteht das Gefühl, als befinde man sich eher auf dem Wasser als am Himmel. Einige der Fenster des Luftschiffes lassen sich sogar öffnen, sodass ungehindert einzigartige Fotos von der wunderschönen Landschaft unter einem geknipst werden können. Den herrlichsten Ausblick bietet jedoch das große Panoramafenster.

Nach der Landung dürfen die Gäste im Zeppelin-Hangar bei einem Gläschen stolz eine Urkunde als Erinnerung an den originellen Flug in Empfang nehmen. Es bleibt genug Zeit, um den Mitarbeitern im Gespräch einige Informationen zu entlocken. So erfahren wir, dass die Hülle des Zeppelins lediglich 0,34 Millimeter dick ist und alleine schon eine Million Euro kostet. Dies relativiert den stolzen Preis der Flüge, der jedoch durch die einmalige Erfahrung einer völlig anderen Fortbewegung und atemberaubenden Aussicht wettgemacht wird.

Der Zeppelinhangar beheimatet ein hervorragendes Restaurant. Im Laden können Sie nachhaltige Taschen aus Zeppelin-Hüllen erstehen. Eine bemerkenswerte Kooperation mit dem Tettnanger Sportartikelhersteller *Vaude*.

46

Dornier Museum
Claude-Dornier-Platz 1
88046 Friedrichshafen
+49 (0)7541 4873600
www.dorniermuseum.de

Zeppelin Museum Friedrichshafen
Seestraße 22
D-88045 Friedrichs-hafen
+49 (0)754 38010

Made in Germany

Dornier-Museum für Luft- und Raumfahrt

Dornier und der Bodensee gehören zusammen wie Linsen und Spätzle. Jedes Kind aus der Region lernt die Geschichte des 1922 gegründeten Unternehmens früh kennen und erträumt sich Abenteuer in den Cockpits der legendären Flugzeuge.

Seit 2009 präsentiert in Friedrichshafen das gleichnamige Museum in einem 5.000 Quadratmeter großen Hangar die Historie der einstigen Manzeller *Dornier-Werke*. Zugleich gewährt es Einblicke in die Luft- und Raumfahrt. Wertvolle historische Exponate, technische Vielfalt und ein Bezug zur Zeitgeschichte beeindrucken alle Gäste. Für einen Rundgang sollten Besucher großzügig zwei bis drei Stunden einplanen, denn nicht nur Technikbegeisterte strahlen angesichts imposanter Flugboote, nostalgischer Passagiermaschinen und Flugsimulatoren. Pädagogische Angebote wie die Raumfahrt-Kinderausstellung, ein Quiz und nicht zuletzt der Spielplatz auf der Terrasse lassen bei den Enkeln keine Langeweile aufkommen. Auch Gruppen erhalten zugeschnittene Programme. Grundsätzlich ist eine geführte Tour empfehlenswert, bei der durch Anekdoten der Schau eine persönliche Note verliehen wird. Eine sei an dieser Stelle bereits verraten: Der Pilot der zweimotorigen blau-weißen *CA 041*, zeitweise Dienstflugzeug des Verteidigungsministers Franz Josef Strauss, führte einigen Passagieren seine Flugkünste wahrlich bis zum Erbrechen vor.

Unzählige Weltrekorde, Patente und technische Superlative dokumentieren die Erfolgsgeschichte *Dorniers*. Politische, wirtschaftliche und soziale Bedingungen zeigen, was Inhaber und Mitarbeiter in den jeweiligen Jahren bewegt und zu Höchstleistung angespornt hat. *Dorniers* Weg in das Weltall eröffnet damals wie heute neue Perspektiven. In der multimedial gestalteten Ausstellung können über ein Dutzend Raumfahrt- und Satellitenmodelle bestaunt werden – darunter solche, die bereits ihre Bahnen im Kosmos zogen –, ebenso das Originalsegment eines sogenannten »Spacelab«, eines Raumlabors mit verschiedenen Materialforschungsanlagen.

Das ***Dornier*** und das ***Zeppelin Museum*** sind miteinander verknüpft und bieten ein kostengünstiges Kombiticket für beide Ausstellungen. Rentner erhalten zusätzlich Ermäßigung.

47

Katamaranfahrt Friedrichshafen–Konstanz
Kontakt: Katamaran-Reederei Bodensee GmbH & Co. KG
Anlegestelle und Geschäftsstelle im Hafen:
Seestraße 23
D-88045 Friedrichshafen
+49 (0)7541 9710900
www.der-katamaran.de

Wie im Flug

Katamaranfahrt nach Konstanz

Wir betreten eines der schnellsten Wasserfahrzeuge am Bodensee, das entgegen der Schifffahrttradition einen männlichen Namen trägt. Der Katamaran Fridolin und seine Geschwister Ferdinand und Constanze (immerhin) »fliegen« geradezu in 52 Minuten von Friedrichshafen direkt nach Konstanz. Mit den Doppelrumpfschiffen können Anrainer und Gäste ohne lästige

Staus oder zermürbende Parkplatzsuche die Einkaufsstraßen, Museen und andere Sehenswürdigkeiten beider Städte besuchen. Ideal nicht nur für Gruppen und Familien, sondern für alle, die eine komfortable Fortbewegung bevorzugen. Radausflügler können ihre Fahrräder mitnehmen. Willkommener Bonus: Die temporeiche Fahrt ist ein Erlebnis!

Der Katamaran punktet gleich zu Beginn mit barrierefreien Wegen zum und an Bord, sodass Kinderwagen und Rollstühle ungehindert passieren können. Auch im größten Andrang wird sicheres und bequemes Ein- und Aussteigen garantiert. Auf dem Schiff können sich die bis zu 182 Passagiere auf zwei Etagen verteilen. Gemütliche Polstersitze, ein Bistro und sogar Steckdosen und WLAN-Verbindung bieten allerhand Annehmlichkeiten. Nahezu laut- und schwerelos gleiten die Schiffe über das Wasser, sodass fast kein Wellengang zu spüren ist. Große Fenster bieten freie Sicht auf das See- und Alpenpanorama. Wer möchte, kann auf einem der Freidecks an Bug und Heck den Blick auf die Berge genießen und sich dabei die Gischt ins Gesicht spritzen lassen.

Neben der Strecke nach Konstanz werden auch Rund- und Sonderfahrten angeboten, bei denen der Fahrspaß im Vordergrund steht. Durch verschiedene Tarifaktionen und Kombitickets erhalten Fahrgäste zudem Vergünstigungen im Aquarium *Sea Life* und dem Archäologischen Landesmuseum in Konstanz oder dem *Dornier Museum* in Friedrichshafen. Anschlüsse mit der Bahn in nächster Nähe auf der deutschen und Schweizer Seeseite ermöglichen darüber hinaus eine entspannte Weiterfahrt.

Der 22 Meter hohe Moleturm im Friedrichshafener Hafen bietet einen traumhaften Ausblick auf die Stadt, die Obstgärten und die Schweizer Seeseite mit den Alpen. Achtung: Beim Einlaufen der Schiffe kann es schwanken!

48

Seehasenfest
(Juli)
Rund um den Gondelhafen und Hafen
Ufer- und Seestraße
D-88045 Friedrichshafen
www.seehasenfest.de

Seehasenpräsidium
Waggershauser Straße 37
D-88045 Friedrichshafen
+49 (0)7541 60405145
www.seehasenfest.de

Sagenhaftes Langohr

Seehasenfest

Die meisten Kinder in Friedrichshafen antworten auf die Frage nach ihrem Lieblingsplüschtier: »Der Seehas!« Doch um wen handelt es sich bei dieser Figur, die jedes Jahr mit einem langen Festwochenende in der Stadt gefeiert wird?

Die Seehas-Tradition geht auf die Nachkriegszeit zurück. Im zerbombten Friedrichshafen dominierte Entbehrung das Leben von Groß und Klein. Kleidung und Wohnraum fehlten, der Gesundheitszustand vieler Kinder war beklagenswert, Spielzeug blieb ihnen verwehrt. Um der jungen Generation etwas Unbeschwertheit zu schenken, wurde 1949 das *Seehasenfest* von freiwilligen Helfern ins Leben gerufen, denn Geld für solchen Luxus war freilich nicht vorhanden. Das hat sich im Laufe der Jahre zwar geändert, dennoch wird die Feier bis heute von ehrenamtlichen Bürgern, Vereinen und Schulen ausgerichtet.

Der Ehrengast ist der Seehase, ein flauschiges weißes Langohr mit schwarzen Flecken. Zu Beginn des Kinder- und Heimatfestes wird er umjubelt mit einem Schiff in den Hafen »eingeholt«. Im Anschluss zieht er zum Rathaus, begleitet von Spielmanns- und Fanfarenzügen. Die Erstklässler erwarten ihn dort am sehnsüchtigsten, verteilt er doch an sie den »Hasenklee«, eine Tasche mit Spielzeug, Süßigkeiten und einer plüschigen Version seiner selbst. Natürlich wird auch an die Kinder im städtischen Krankenhaus gedacht, die ebenfalls Geschenke erhalten.

Der traditionell mehrtägige Festablauf wird mit jedem Jahr umfang- und ideenreicher. Unter anderem werden 5.000 Gummienten im Gondelhafen ins Rennen geschickt, während sich Vereine und Firmen beim Drachenboot-Wettbewerb messen. Die Häfler Musikvereine und Wirte sorgen für den klangvollen und kulinarischen Rahmen. Ein Feuerwerk über dem See untermalt die *Romantische Nacht.* Sonderfahrten mit Schiffen, aber auch Bahn und Bus ermöglichen einen unbeschwerten Festabend an Land und zu Wasser. Nach dem Wochenende wird der Seehase mit aufsteigenden Luftballons wieder auf ein Schiff verabschiedet.

Bodensee-Bewohner werden gerne »Seehasen« genannt, die Friedrichshafener wissen jedoch, dass es nur einen wahren Seehasen gibt!

49

Eriskircher Ried
Startpunkt:
Naturschutzzentrum Eriskirch
Bahnhofstraße 24
88097 Eriskirch
+49(0)7541 81888
www.naz-eriskirch.de

Strandbad Eriskirch
Strandbad 1
88097 Eriskirch
+49 (0)7541 82642
www.eriskirch.de/strandbad.html

Ursprünglich schön

Naturschutzgebiet Eriskircher Ried

Von der Rotachmündung im Osten Friedrichshafens bis zur Schussenmündung bei Eriskirch erstreckt sich das größte Naturschutzgebiet am Nordufer des Bodensees. Das 5,5 Quadratkilometer große Eriskircher Ried umfasst die gesamte Vielfalt unserer heimischen Natur. Vom Fußweg am Ufer erhält man einen Eindruck der ursprünglichen Landschaft mit ihren Auenwäldern, Wasserläufen, Feucht- und Streuobstwiesen und – eine Seltenheit – einem natürlichen Bodenseeufer.

Besonders bezaubernd ist ein Ausflug Mitte Mai bis Anfang Juni, wenn die Streuwiesen einem üppigen tiefblauen Blütenmeer gleichen. Abertausende Sibirische Schwertlilien bieten einen beispiellosen Anblick, ist ihr Bestand doch sonst stark gefährdet. Der offizielle Name der Pflanze, auch Iris genannt, ist irreführend, denn sie ist bei uns heimisch und lediglich bis nach Westsibirien verbreitet. Hie und da wird ihre üppige Farbenpracht vom leuchtenden Gelb der Wasserschwertlilie unterbrochen. Über 500 verschiedene Pflanzenarten haben Forscher im Ried gezählt. Hunderten von Vogelarten dient die Flachwasserzone als Schutzraum und zur Überwinterung.

Da das eigentliche Schutzgebiet nicht betreten werden darf, ermöglichen zwei Plattformen am Hauptweg zwischen der schilfbewachsenen Uferzone und dem See eine gute Aussicht. Der Weg ist Teil des *Bodenseepfads* und leicht zu bewältigen. Hinweisschilder erklären Fauna und Flora. Als Ausgangspunkt für einen Spaziergang eignet sich das Naturschutzzentrum, wo die Sanitäranlagen genutzt werden können und Informationsmaterial ausliegt. Das Zentrum organisiert zudem Exkursionen und Gruppenführungen, individuell zugeschnitten je nach Zusammensetzung der Teilnehmerrunde. Für Personen mit Mobilitätseinschränkung sind ab dem Strandbad Kurzführungen von maximal einer Stunde möglich. Die barrierefreie Dauerausstellung bietet zudem Gelegenheit, sich über die Natur am Bodensee zu informieren. Daneben lockt ein schöner Bauerngarten.

Das großzügige Strandbad in Eriskirch überzeugt mit gepflegten Liegewiesen, Kiesstrand, fantasievollen Spielplätzen und kostenfreien Parkmöglichkeiten.

50

Schloss Montfort
Untere Seestraße 3
D-88085 Langenargen

Tourist-Information Langenargen
Obere Seestraße 2/1
88085 Langenargen
+49 (0)7543 933092
www.langenargen.de
www.langenargener-schlosskonzerte.de

Orientalisches Flair am Bodensee

Schloss Montfort

Langenargens Wahrzeichen lädt ein, sich in ferne Welten zu träumen. Eine Besonderheit des Schlosses Montfort sind seine maurischen Details an der Fassade: der Effekt der gelb-roten Streifen und die Reliefmuster aus Terrakotta.

Beim Bau in den 1860er-Jahren diente dem Architekten aus Ravensburg die *Villa Avigdor* im südfranzösischen Nizza als

Vorbild. Doch der Ursprung des Baus liegt bereits im 14. Jahrhundert. Die Grafen von Montfort ließen auf der kleinen Insel eine Wasserburg errichten. Im 17. Jahrhundert zerstört und wiedererrichtet, wurde aus der Festung zunächst ein Schloss und danach ein Gefängnis, bevor das Gebäude zum Abbruch freigegeben wurde. Im Jahr 1858 kaufte Wilhelm I. von Württemberg die Ruine für 3.000 Gulden und gab ein Schloss in Auftrag – beim besagten Ravensburger. Der König verstarb jedoch vor Fertigstellung der *Villa Argena*, wie das Herrschaftshaus ursprünglich heißen sollte. Seinem Sohn und Thronfolger, König Karl I., gefiel der Name allerdings nicht, und so wurde das Haus fortan Schloss Montfort genannt. Nach Abschluss der Arbeiten 1866 überließ es Karl I. seiner Mutter als Sommerresidenz, bis es letztlich an eine Nichte Kaiser Wilhelms I. verkauft wurde. Sie verbrachte regelmäßig den Sommer in Langenargen bis zu ihrem Tod 1901. Danach ging es in den Besitz eines bürgerlichen Medizinprofessors über, diente als Kurhotel und Kurhaus, bis es in den 1960er-Jahren letztlich der Gemeinde übereignet wurde. Sie sehen, nicht nur Menschen blicken auf eine lange bewegte Vergangenheit zurück …

Heute beheimatet das Schloss eine private Gemäldesammlung, die besucht werden kann. Wer Anstrengung nicht scheut, sollte den Turm besteigen, der einen imposanten Ausblick auf den See, die Schweizer Alpen und das Hinterland bietet. Besucher, die Ruhe vorziehen, können im idyllischen Garten wandeln und unter schattigen Bäumen die Aussicht genießen.

Im Sommer wird im Saal im oberen Stock herausragende Kammermusik im Rahmen der *Langenargener Schlosskonzerte* gespielt. Im Garten können Gäste in der Konzertmuschel Promenadenkonzerten lauschen.

51

Restaurant
Schuppen 13
Argenweg 60
88085 Langenargen
+49 (0)7543 1577
www.schuppen13.de

Mondäne Lebenslust

Restaurant *Schuppen 13*

Wenn Genießer nicht nur kulinarisch, sondern auch visuell verwöhnt werden möchten, sollten sie einen Schuppen aufsuchen. Aber einen besonderen: den *Schuppen 13* in Langenargen. Der Name zeugt von purer Bescheidenheit und rührt aus der Vergangenheit, als das Gebäude tatsächlich als Lager diente. Heutzutage zählt es zu den besten Restaurants am See. Direkt am

Jachthafen gelegen, verströmt das Lokal durch und durch mondäne Lebenslust und bietet die ideale Kulisse für einen unterhaltsamen Abend zu zweit, mit der Familie oder für Feiern in größerer Runde.

In dem von Familie Pusceddu geführten Haus kredenzt hervorragend geschultes und engagiertes Personal auf weißen Stofftischtüchern eine feine Speisenauswahl. Steinbutt, Seezunge und Riesengarnele stammen zwar nicht aus dem Bodensee, sind aber fangfrisch und exzellent zubereitet. Auch selbst gemachte Pasta, echt italienisch mit scharfer Tomatensoße oder fantasievoll mit Kürbis und Entenragout, steht auf der Karte. Gönnen Sie sich ein Gläschen Wein dazu, die Auswahl ist beeindruckend und lässt keine Wünsche offen. Naschkatzen kann ich Tiramisu, Haselnusseis und einen Espresso Cremoso wärmstens empfehlen.

Während die feine Kochkunst dem Gaumen schmeichelt, erfreut die stilvolle Optik die Augen. Ein kunstvoll gepflasterter Weg führt über Englischen Rasen zur großen hölzernen Terrasse, die dem einladenden hellen Gebäude vorgelagert ist. Im Inneren vermitteln Bilder von Segelregatten und eleganten Berühmtheiten auf den Stofftapeten ein edles maritimes Flair. Hochwertige Keramik und bequeme weiß-blaue Korbstühle lassen Urlaubsgefühle aufkommen.

Reservieren Sie unbedingt einen Tisch vor, am besten am Fenster. Von dort blicken sie auf die Terrasse und den Jachthafen, an lauen Sommerabenden unvergleichlich schön. Der ideale Platz, um es sich gut gehen zu lassen.

In Langenargen erstreckt sich zwischen Schloss Montfort an der Unteren Seestraße und dem Hotel *Seeterrasse* in der Oberen Seestraße eine der längsten Promenaden am Bodensee.

52

Hängebrücke über die Argen
Parallel zur Lindauer Straße, 200 Meter nach Langenhagen Richtung Kressbronn
D-88085 Langenargen

Restaurant *Werft 1919*
Bodan-Werft 11
D-88079 Kressbronn
+49 (0)7543 9631919
www.werft1919.com

Kulturdenkmal besonderer Bedeutung

Historische Hängebrücke über die Argen

Eine der ältesten Kabelhängebrücken des Landes ist ein beliebtes Ausflugsziel für Geschichts- und Technikinteressierte. Die Überführung über die Argen nach Kressbronn wird auch scherzhaft »Golden Gate Bridge von LA« genannt, wobei die Abkürzung für Langenargen steht. Immerhin war Othmar Hermann Ammann als Praktikant am Bau beteiligt, der später als namhafter Schweizer Ingenieur am Entwurf des Originals in San Francisco mitwirkte. Das Langenargener Exemplar erlangte Bekanntheit, als die Baupläne 1900 auf der Pariser Weltausstellung präsentiert wurden. Die 72 Meter lange und 6,20 Meter breite Kabelhängebrücke wiegt mit den Stahlseilen 170.960 Kilogramm und kann stolze 13 Tonnen tragen. Die Seile sind je 135 Meter lang und insgesamt 15.660 Kilogramm schwer.

Die Arbeiten begannen im November 1896, nachdem im Frühjahr desselben Jahres ein schweres Hochwasser die Vorgängerbrücke beschädigt hatte. Nach der Schneeschmelze in den Allgäuer Höhenlagen und tagelangen Regenfällen war im Flusslauf eine gewaltige Welle talabwärts gerollt, der die Holzkonstruktion wenig entgegenzusetzen hatte. Aufgrund der Erfahrungen mit verheerenden Flutmassen beschloss man den Neubau einer stabilen Brücke ohne Pfeiler. Vier Pylonen wurden errichtet, jeweils 18 Meter hoch. Sie wirken wie Natursteinmauerwerk, bestehen aber aus Beton, der in einer Schalung aus einem Guss hergestellt wurde. Durch die Aussparungen in den Spitzen laufen Kabel. Dort sind gusseiserne Sättel montiert, je auf sechs Rollen gelagert, um Schwankungen auszugleichen.

1944 wurde die Brücke bei einem Fliegerangriff trotz starkem Bombardement nur leicht beschädigt. 1945 wollte die Wehrmacht sie sprengen, doch ein Anwohner ersann eine List, um dies zu verhindern: Er lud die Soldaten zu einer Vesper zu sich ein, während Unterstützter die Zündkabel zerschnitten. So ist Langenargen heute noch im Besitz eines Baus, der 1982 zum »Kulturdenkmal von besonderer Bedeutung« erhoben wurde.

Ein Parkplatz liegt wenige Meter entfernt. Besuchen Sie danach das Restaurant *Werft 1919*. In dem denkmalgeschützten Haus verbinden drei Brüder Kunst und Kultur mit gutem Essen.

58

Bauernpfad Kressbronn
Startpunkt: Wanderparkplatz am
Brauereigasthaus Max & Moritz
Weinbichl 6
D-88079 Kressbronn
+49 (0)7543/65 08
www.maxmoritz-bier.de

Tourist-Information Kressbronn
Nonnenbacher Weg 30
D-88079 Kressbronn
+49(0)7543 96650
www.kressbronn.de

Heimische Landwirtschaft
Bauernpfad

Wer die Landwirtschaft am Bodensee näher kennenlernen und zugleich einen schönen Spaziergang unternehmen möchte, dem sei der Bauernpfad in Kressbronn empfohlen. Erwachsene wie Kinder erleben auf den rund zweieinhalb Kilometern kleine Abenteuer und erfahren dabei einiges über den heimischen Obst- und Gemüseanbau.

Die ebenerdige Strecke verläuft auf meist asphaltiertem Untergrund, sodass sie ohne nennenswerte Anstrengung in rund zwei Stunden zurückgelegt werden kann. Sogar die jüngsten Enkel können auf dem Weg durch die Plantagen und Weinhänge im Kinderwagen geschoben werden. Wurde der vergessen, kann ein Exemplar bei der Tourist-Information ausgeliehen werden. Für ältere Kinder stellt sie Forscherrucksäcke mit Fernglas bereit. Ein Wanderparkplatz direkt am Rundweg ermöglicht zudem eine komfortable An- und Abfahrt.

Der Bauernpfad führt über wenige Erhebungen zum höchsten Punkt Kressbronns, der Straußner Halde. Immer wieder eröffnen sich traumhafte Ausblicke auf den See und die Berge, allen voran den Säntis. Am Wegesrand laden Bänke ein, die malerische Landschaft zu genießen, während Informationstafeln den Obst-, Hopfen- und Weinanbau sowie die Vieh- und Milchwirtschaft der Region erläutern. Weitere Stationen zur Geologie und zum Wald laden vor allem Kinder zur Aktion ein. Auf fantasievollen Geräten darf geklettert, gespielt und auch mal geschnuppert werden. Einen Höhepunkt bietet die Rutsche am unteren Teil der Strecke, die schnurstracks in den *Naschgarten* führt, in dem alle Früchte probiert werden dürfen.

Am Waldrand im oberen Teil lädt eine Sitzgruppe zu einem Picknick ein. Alternativ bietet sich die Einkehr im Gasthof *Max & Moritz* am Fuße des Pfades an. Auf der Terrasse mit Sicht auf den See und einen Spielplatz können Gäste gemütlich das Panorama bei einer Stärkung weiter auf sich wirken lassen.

Wer sich für das frühere landwirtschaftliche Leben in Süddeutschland interessiert, sollte einen Abstecher ins oberschwäbische *Bauernhaus-Museum Wolfegg* machen. Großeltern mit Enkeln erhalten Nachlass (www.bauernhaus-museum.de).

54

Hopfengut No. 20
Hopfengut 20
D-88069 Tettnang
+49 (0)7542 952206
www.hopfengut.de

Tourist-Information Tettnang
Montfortstraße 41
D-88069 Tettnang
+49 (0)7542 510500
www.tettnang.de

Das grüne Gold

Museum und Gaststätte *Hopfengut No. 20*

Felder mit haushohen Gerüsten aus Holzpfeilern und Drähten, bewachsen mit Hopfen – ein malerisches Bild satten Grüns. In Tettnang, nur zehn Kilometer vom See entfernt, bietet sich dieser Anblick auf 2.000 Quadratmetern. Auf dem *Hopfensteg* des Museums *Hopfengut No. 20*, der hoch über dem Boden in die Gärten führt, ist im Sommer das grüne Gold zum Greifen nahe.

Hält man die Dolden in den Händen, spürt man die kleinen Widerhaken, mit denen sich die Kletterpflanzen um die Drähte ranken. »Wen der Hopfen einmal kratzt, den lässt er nicht mehr los«, lautet ein altes Sprichwort. So erging es wohl Familie Locher, die seit mehreren Generationen die Schlingstaude in der Hopfenstadt Tettnang kultiviert. Am Anfang standen eine Kistenfabrik und zwei Brüder, die sich durch Land- und Viehwirtschaft Nebeneinnahmen sicherten. Nach dem Zweiten Weltkrieg blieb lediglich der Ackerbau, also investierte die Familie in den Hopfen. Als sie in dritter Generation auf das heutige Gut zog, wurde die Idee geboren, den modernen landwirtschaftlichen Betrieb in eine gläserne Produktion mit Museum für Gäste umzuwandeln.

Die Ausstellung entführt jährlich 25.000 Besucher auf eine Reise in die Geschichte des Hopfenanbaus und Brauens. Zahlreiche Exponate verdeutlichen die Arbeit mit der Bierwürze und verraten einige Anekdoten. Finden Sie heraus, warum in den 1950er-Jahren manche Dame für die Liebe zur Hopfenernte anreiste! Oder helfen Sie im Herbst selbst beim Pflücken und erleben Sie, wie die Pflanze weiterverarbeitet wird. Vielleicht möchten Sie auch alleine oder mit Ihrer Gruppe eine Verkostung in der Schaubrauerei machen, bei der Sie Ihren eigenen Gerstensaft herstellen. Und wenn Sie das *Hopfengut No. 20* mit Ihren Enkeln besuchen, können diese auf einer pfiffigen Schnitzeljagd alles rund um die heimische Staude lernen. Wenn Sie dann der Hopfen sprichwörtlich nicht loslässt, verlängern Sie Ihren Aufenthalt im Gasthaus oder im Laden, in dem neben Biergelees auch Liköre und Tees aus Hopfen erhältlich sind.

Senioren, Kinder und Gruppen erhalten Nachlass. Erkunden Sie im Anschluss die malerische Hopfenstadt Tettnang!

55

Der Grüne Turm in der **Altstadt Ravensburg**
Startpunkt: am Untertor
Adlerstraße 39
D-88212 Ravensburg

Tourist-Information Ravensburg
Marienplatz 35
88212 Ravensburg
+49 (0)751 82800
www.ravensburg.de

Wo Türme sich einen Namen machen

Erkundung der Altstadt

In rund 20 Minuten erreichen wir vom See aus Ravensburg im oberschwäbischen Hinterland. Rund um den Marienplatz lädt der historische Kern zum Schlemmen und Bummeln ein. Schon von Weitem fallen die vielen Türme ins Auge, für die die einstige Handelsstadt bekannt ist. Wir erkunden die imposanten Bauten auf einem Streifzug durch die Geschichte Ravensburgs.

Parken Sie am 1363 erbauten Untertor, das im Westen die Pforte zur Altstadt bildet. Wenn Sie über die Adlerstraße zum Marienplatz schlendern, kommen Sie zum *Blaserturm,* einer der bedeutendsten Sehenswürdigkeiten aus dem 10. Jahrhundert. In der warmen Jahreszeit ist der Aufstieg für wenig Geld möglich, Gruppen können auch außerhalb der Saison eine Besichtigung buchen. Doch Achtung: Mit rund 50 Metern ist das Bauwerk höher, als es scheinen mag. Die Aussicht, die bei gutem Wetter bis zu den Alpen reicht, lohnt jedoch die Anstrengung. Von der Plattform können Sie alle Türme der Stadt erkunden, ohne sie einzeln anzusteuern. Eine Karte aus der Tourist-Information am Fuße des Turms bietet Orientierung.

Im Norden ragt der *Grüne Turm* aus dem frühen 15. Jahrhundert empor, der seinem Dach seinen Namen verdankt. Im Westen wird er vom *Gemalten Turm* flankiert, dessen Bezeichnung von seiner einst bunt geschmückten Fassade herrührt. Vis-à-vis entdecken wir das Wahrzeichen Ravensburgs: den 1425 errichteten *Weißen Turm bei St. Michael.* Ein eleganter Titel, der allerdings im Volksmund schnell an Bedeutung verlor. Aufgrund seiner runden Form und des kalkfarbenen Anstrichs wurde er bereits im 16. Jahrhundert »Mehlsack« getauft.

Spazieren Sie im Anschluss durch die Gassen und entdecken Sie Cafés und eigentümergeführte Geschäfte. Am Frauentor hinter der Stadtkämmerei befindet sich eine öffentliche Toilette. In der Oberstadt im Süden finden Sie mehrere unterschiedliche Ausstellungen mit Bezügen zu Ravensburg. Das weitestgehend barrierefreie *Museum Ravensburger* des gleichnamigen Spieleverlags bietet für die Enkel einen launigen Abschluss des Tages.

Machen Sie einen Abstecher zur berühmten Basilika St. Martin in Weingarten, der größten Barockkirche nördlich der Alpen.

56

Lindenhofpark
Parkplatz:
Seebad Lindenhof
Lindenhofweg 41
D-88131 Lindau
www.strandcafe-lindenhof.de

Ein Paradies am Wasser

Lindenhofpark in Bad Schachen

Der Lindenhofpark in Bad Schachen ist ein beschauliches Paradies und zählt zu den schönsten Grünflächen am Bodensee. Einheimische wie Touristen schätzen die Oase als Ort der Erholung. Bunte Strandtücher, spielende Kinder und Spaziergänger prägen das Bild. Ebene Wege und Bänke im Schatten großer alter Bäume laden zu einer Auszeit ein.

Entstanden ist der Park Mitte des 19. Jahrhunderts, als sich der Lindauer Kaufmann Friedrich Gruber einen Rückzugsort in der Natur wünschte, standesgemäß mit Blick auf den See. Während ein junger Münchner Architekt den Bau der imposanten Residenz leitete, verwandelte der renommierte Gartenkünstler Maximilian Friedrich Weyhe die umliegenden Wiesen in eine großzügige Landschaftsanlage. Beide leisteten hervorragende Arbeit. Die Symbiose aus herrschaftlicher Villa inmitten einer beeindruckenden Grünfläche gefiel nicht nur dem Auftraggeber, sondern wurde bald über die Stadtgrenzen hinaus bekannt. Als der Lindenhofpark schließlich 1956 von der Familie Gruber an die Stadt Lindau überging, wurde er in seiner ganzen Pracht der Öffentlichkeit zugänglich gemacht. Die Anlage bildet mit der Villa, dem Schweizerhaus und Weiherschlösschen ein idyllisches denkmalgeschütztes Ensemble direkt am Strand.

Neben Erholung bietet das Areal Badevergnügen. Angegliedert ist das Seebad Lindenhof, das sich durch seinen historischen Charme auszeichnet. Umso schöner, dass der Eintritt frei ist und die Terrasse auch von Passanten, Radfahrern und Wanderern betreten werden darf. Ein Strandcafé, ebenerdige Umkleidekabinen und sanitäre Räume sowie Duschen am Ufer garantieren einen komfortablen Aufenthalt. Eine Mole erleichtert den Zugang in den See, zudem locken zwei Badeflöße und Mutige ein Sprungturm. Wer sich für Jugendstil begeistert, wird am *Parkstrandbad* Gefallen finden, einem architektonischen Juwel, in dem man stilecht in die 1920er-Jahre eintauchen kann.

Mein Lieblingsbau im Park ist das Schweizerhaus mit seinen wunderschönen Schnitzereien. Ursprünglich ein Wirtschaftsgebäude beheimatet es heute neueste Technik: Die Räumlichkeiten werden von einem Radiosender genutzt.

57

Insel Lindau
Startpunkt: Am Bahnhof
D-88131 Lindau

Lindau Tourismus und Kongress GmbH
Alfred- Nobel- Platz 1
D-88131 Lindau
+49 (0)8382 8899900
www.lindau.de

Schöne schwimmende Altstadt

Insel Lindau

Mit einer Größe von etwa 70 Hektar ist die Lindauer Insel nach der Reichenau das zweitgrößte Eiland im Bodensee. Auf begrenztem Raum stehen die pittoresken mittelalterlichen Gebäude kompakt beieinander in verwinkelten Gassen, die zu einem Bummel einladen. Die Erkundung kann individuell je nach Ausdauer und eigenen Bedürfnissen gestaltet werden.

Ursprünglich sah es auf dem Landstück im östlichen Teil des Bodensees völlig anders aus. Im Jahr 882 wurde der Grundstein für die Stadt gelegt, als ein Mönch aus St. Gallen eine Urkunde über die »Insel, auf der Lindenbäume wachsen« ausstellte. Inmitten der Natur standen damals nur ein paar Fischerhäuser und ein adliges Frauenkloster. Heute ist das Münster *Unserer Lieben Frau,* auch Stiftskirche genannt, die letzte Reminiszenz an jene Anfänge.

Bei einer rund eineinhalbstündigen Stadtführung, die für Gruppen auch individuell zugeschnitten wird, können Sie den Wurzeln der Stadt nachspüren. Von einer besonders prächtigen Seite zeigt sich das Alte Rathaus, dessen farbenfrohe Fassade von den Zehn Geboten und regionalen Ereignissen berichtet. Die Wandmalereien sind vom Bismarckplatz in der Altstadt sowie vom See aus zu sehen. Die prunkvolle Ansicht, allen voran der goldene Lindenbaum, sollte Gästen, die sich vom Wasser aus näherten, den Reichtum Lindaus demonstrieren. Nach dem Rundgang sollten Sie sich treiben lassen und mit offenen Augen durch die Straßen schlendern. Malerische Motive und idyllische Ecken sind auf der gesamten Insel versteckt. Entdecken Sie die Details jahrhundertealter Fassaden mit typischen Dachgauben und Holzsäulenschnitzereien, lauschige Plätze und kleine Läden. Sind Ihnen die vielen Durchgänge zwischen den Häusern aufgefallen? Seit jeher dienten Sie Ortskundigen im Gassenwirrwarr als Abkürzungen. Und letztendlich führen all Wege an den See, denn was wäre eine Insel ohne das Wasser?

Reisen Sie mit Bus und Bahn an, es erspart die lästige Parkplatzsuche und ist umweltschonender. Die Insel ist hervorragend an den öffentlichen Nahverkehr angeschlossen. Am Bahnhof ebenso wie am Brettermarkt finden sich Sanitäranlagen.

58

Hafen Lindau
Bayerischer Löwe
Römerschanze
D-88131 Lindau

Gerberschanze
Ecke Gustav-Röhl-Uferweg
D-88131 Lindau

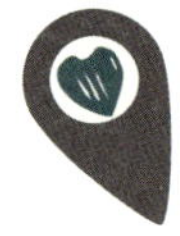

Der Löwe ist ein Bayer

Hafen

Der sechs Meter hohe Löwe prägt die Lindauer Hafeneinfahrt und gilt mit dem Neuen Leuchtturm vis-à-vis als Wahrzeichen der Stadt.

Bereits aus der Ferne zeigt sich der Reiz des begehrten Postkartenmotivs. Majestätisch thront er vor der imposanten Alpen- und Bodenseekulisse. Möchten Sie die Skulptur näher betrachten, laufen Sie die breite, gut befestigte Mole entlang, auf der sich eine beeindruckende Aussicht auf den See und das Südufer in Österreich und der Schweiz eröffnet. Stehen Sie vor der 50 Tonnen schweren Figur, erkennen Sie die Zahl 1856 in römischen Ziffern, das Jahr der Fertigstellung. Der Löwe symbolisiert die Zugehörigkeit zum damaligen Bayerischen Königreich und zum heutigen Freistaat, der rund 18 der insgesamt 173 Kilometer des Bodenseeufers auf der deutschen Seite beansprucht. Doch dem war nicht immer so, denn die Geschichte schlug Kapriolen. Eine Zeit lang befand sich das Lindauer Hafengebiet im Besitz der Deutschen Bahn, bevor die es an die Stadtwerke des baden-württembergischen Konstanz verkaufte. Erst 2010 wurde der Löwe wieder ein Bayer.

Gegen ein kleines Eintrittsgeld können Sie die 139 Stufen des Leuchtturmes erklimmen. Keine Angst vor den Stufen – Pausen auf dem steilen Weg nach oben sind nicht nur möglich, sondern zwingen sich geradezu auf: Die Innenwände des Turmes sind mit amüsanten Anekdoten und Informationen über die Region verziert. In lyrischen Worten erfahren Sie einiges über Windhosen und Nebel, aber auch über eine fantastische Fangquote der Fischer auf dem See. Oben auf 36 Metern angekommen, stehen Sie auf der Plattform des südlichsten Leuchtturms Deutschlands mit einem atemberaubenden Rundblick.

Zum Schluss noch ein Schwank aus der Geschichte: Der Bildhauer musste lang auf die Bezahlung aus Bayern warten. Als »Dank« platzierte er den Löwen mit dem Hinterteil in Richtung München.

In der Nähe liegt die lauschige Gerberschanze, ein Teil der alten Stadtbefestigung. Sie erreichen sie über einen niedrigen Durchgang unter den Häusern Nummer 19 und 21 in der Fischergasse.

59

Milchpilz Lindau
mit Biergarten
Sina-Kinkelin-Platz 1a
D-88131 Lindau

Milchpilz Bregenz
Seestraße 2
A-6900 Bregenz
www.milchpilz.at

Kultiges »Schwammerl«

Milchpilz

Steinpilz, Pfifferling, Milchpilz … Moment mal! Ist »Milchpilz« ein Waldgewächs oder sogar eine Krankheit? Weder noch, hinter dem Namen verbirgt sich ein charmanter Kiosk mit Kultstatus, den der ein oder andere vielleicht aus seiner Kindheit noch kennt. Nicht in einem Märchenpark liegen seine Wurzeln, sondern im sagenhaften Wirtschaftswunder.

Nach dem entbehrungsreichen Krieg gingen die Menschen in den 1950er-Jahren wieder öfters aus. Insbesondere die Jüngeren verabredeten sich gerne in Milchbars und Eisdielen, wurde Alkohol doch erst ab 21 Jahren ausgeschenkt. Am beispiellosen Aufschwung wollten auch die Molkereien mitverdienen und entwickelten ein Werbekonzept mit Wiedererkennungswert, das seiner Zeit weit voraus war. Der Milchpilz war geboren. Ein auffälliger weißer Holzbau in Form eines Fliegenpilzes mit leuchtend rotem Dach wurde bald in Serie hergestellt und zog landesweit sowie im nahen Ausland Gäste an. Wohl auch aufgrund der räumlichen Nähe zum Produktionsort im Allgäu erhielt Lindau eines der ersten gefertigten Exemplare. Wollte man Milchshakes, Eis und antialkoholische Getränke verkaufen, konnte der Kiosk damals für 6.623 DM erworben werden – ein Preis vergleichbar mit dem eines VW-Käfers. Zubehör wie Einbaukühlschrank, Schlagsahnezapfer und Eismaschine wurde extra berechnet.

Der Lindauer Pilz steht am nördlichen Rand der Insel, wo er mit der Auflage betrieben wird, Traditionelles behutsam mit Neuem zu verbinden. Nostalgische Fahnen werben für Softeis und süße Leckereien ebenso wie für selbst kreierte kleine Imbisse und regionale Produkte. Die lauschige Atmosphäre unter den großen Kastanien schätzen besonders die zahlreichen Stammgäste. Auswärtige Besucher werden auf den ersten Blick vom Charme des knuffigen Kiosks verzaubert und lassen sich gerne auf einer der Bänke auf dem Vorplatz nieder. Der ein oder andere schwelgt dabei bei einem Eis in eigenen Kindheitserinnerungen …

Auch in Bregenz wird noch ein solcher Milchpilz betrieben. Die anderen noch existierenden Exemplare stehen in Wangen, Regensburg, Mardorf und Rosengarten, Oldendorf sowie in Wien.

60

Restaurant Valentin
In der Grub 28a
D-88131 Lindau
+49 (0)8382 5043740
www.valentin-lindau.de

Internationale Regionalität

Restaurant *Valentin* in Lindau

Mitten auf der Insel Lindau und doch abseits des Trubels liegt das elegante Restaurant Valentin, beheimatet unter einem hellen Gewölbe im Erdgeschoss eines der malerischen Gebäude der Altstadt. Der weltoffene Gastgeber hat ein junges Team aus allen Winkeln der Erde um sich geschart, das kulinarische Vielfalt aus dem Effeff beherrscht.

Oberste Priorität genießen die Gästezufriedenheit und Qualität. Nachdem in der Küche einiges ausprobiert wurde, verschrieb sich der Chef dem »Fine dining«. Sollten Sie die anspruchsvolle, fantasiereiche Küche mit hochwertigen Zutaten nicht kennen, probieren Sie sie unbedingt aus! Es lohnt immer, Neues zu wagen, vor allem wenn einen derart köstliche Gaumenfreuden erwarten.

Den Produkten kommt ein hoher Stellenwert zu, die allermeisten stammen aus der Bodenseeregion. Das Gemüse wird direkt von einem Bauernhof in Vorarlberg, der Fisch von den heimischen Fischern bezogen. Gekocht wird saisonal und die Speisekarte entsprechend variiert. Innovativ und ein bisschen verspielt darf es sein. Die Karte ist schon mal einem Motto gewidmet, zum Beispiel »Meat«, dem Fleisch. Auf dem Teller wird dann unter anderem Taube mit Traube serviert, kunstvoll angerichtet auf einem flachen Stein, den wir am Bodenseeufer gefunden haben könnten. Und was steckt hinter den Themen »Seed« und »Weed«? Dahinter verbergen sich vegetarisch ausgerichtete Gerichte, zum einen mit Samen und den daraus wachsenden Gemüsearten und zum anderen mit »Kraut« wie Seegras aus dem Meer und dem Bodensee.

Ein lang anhaltender Genuss ist mit elf Gängen garantiert, für die drei bis vier Stunden veranschlagt werden. Mittags können Sie von der Mittagskarte kleine Speisen bestellen, die nicht derart aufwendig, aber ebenso köstlich zubereitet sind. Nicht verzichten würde ich auf eines der ausgefallenen Desserts.

Das Restaurant hat zahlreiche Auszeichnungen erhalten und wird als neuer Stern am See gehandelt. Der *Falstaff* und der *Gault Millau* sind voll des Lobes für die innovative Küche. Eine Reservierung empfiehlt sich.

61

Therme Lindau
Eichwaldstraße 16–20
D-88131 Lindau
+49 (0)7551 3085030
www.therme-lindau.com

Landhotel Martinsmühle
Bechtersweiler 25
D-88131 Lindau
+49 (0)8382 5849
www.landhotel-martinsmuehle.de

Wellness im großen Rahmen

Therme Lindau

Wir Bewohner am Bodensee sind nun mal ein Völkchen, das Wasser und die damit verbundenen Freizeitaktivitäten liebt und darauf auch bei schlechtem Wetter nicht verzichten möchte. Thermalwasser wirkt sich zudem bekanntermaßen positiv auf die Gesundheit aus; nicht nur auf die Muskulatur und den Kreislauf, sondern ebenfalls auf die Seele.

Seit 2021 bietet eine Therme auch in Lindau ganzjährig sommerliche Temperaturen und eine hochwertige Saunalandschaft mit gemütlichen Ruheoasen zum Wohlfühlen. Aufgrund seiner Vielfältigkeit ist das Bad beliebt bei Besuchern jeden Jahrgangs und mit unterschiedlichen Präferenzen.

Das Areal des Thermen- und Vitalbads umfasst neben modernen Saunen mehrere Innen- und Außenbecken. Eine 25-Meter-Bahn, ein Wildbach sowie Rutschen, ein aufgeschütteter Strand und ein Kleinkindbereich bieten alle Annehmlichkeiten für Fitnessbegeisterte und junge Gäste. Betritt man die barrierefreie Therme, direkt am See gelegen und mit herrlichem Alpenblick, stellt sich unmittelbar ein Urlaubsgefühl und Erholungseffekt ein. Die exquisiten Materialien und der minimalistische Stil wirken ebenso wohltuend und beruhigend wie die naturnahe Gestaltung und die herrliche Aussicht im großzügigen Außenbereich.

Auch in der Saunawelt eröffnet sich dank meterhoher Panoramafenster ein Weitblick über den See und zu den Bergen. Die in hellen Farben gehaltenen Räume mit Kamin und Ruhezonen entsprechen den Vorstellungen einer hochwertigen Wellnessoase. In dem weitläufigsten Saunabereich am Bodensee garantieren lichte Vorhänge, Bodenkissen, Wasserbetten und Liegen in diskreten Abständen hinreichend Privatsphäre. Wenn Sie einen exklusiven Rahmen bevorzugen, können Sie sogar fernab von neugierigen Blicken ein Privat-Spa buchen.

Suchen Sie ein gemütliches Landhotel für den nächsten Urlaub oder die Unterbringung von Gästen? Die Martinsmühle wird von der herzlichen Familie Kirnbauer geführt und liegt idyllisch zwischen Mühlbach, Wiesen und Obstbäumen.

Rund um Bregenz und St. Gallen am Obersee

www.autobau.ch
BITTE BEACHTEN
EINLEGEN
ABSTELLEN

62

Mental-Spa-Ressort und Restaurant Fritsch am Berg
Buchenberg 10
A-6911 Lochau
+43 (0)5574 43029
www.fritschamberg.at

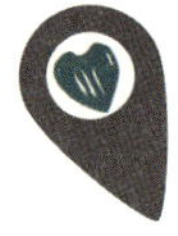

Wo der Himmel beginnt

Restaurant Fritsch

Backhendlstreifen mit knuspriger Kürbiskernpanade und erfrischendem Kartoffel-Gurkensalat. Klingt das lecker? Und dazu eine einmalige Aussicht auf die Schweizer Berge, das Allgäuer Hügelland und den Bodensee.

Auf den ersten Blick und mit dem ersten Bissen versteht man, warum das Restaurant *Fritsch am Berg* für viele in der

Region die unangefochtene Nummer eins ist. Bodenseebewohner lieben das familiengeführte Lokal im gleichnamigen Hotel oberhalb von Dornbirn. Selten gehen Gastfreundschaft, Ambiente, Panorama und eine hervorragende Küche eine derart gelungene Symbiose ein.

Ist man einmal zu Besuch bei Beate und Franz Fritsch, möchte man gar nicht mehr weg. Die Inhaber verstehen es, ihre Gäste zu jeder Jahreszeit herzlich willkommen zu heißen. Nach einer kurvenreichen Anfahrt den Pfänder hinauf eröffnet sich ein grandioses Panorama. Noch idyllischer wirkt der Anblick natürlich bei gutem Wetter von der Terrasse aus, im Hintergrund das Muhen der grasenden Kühe am Hang. Freundliches und aufmerksames Personal kredenzt regionale und saisonale Gerichte mit Zutaten aus der eigenen Landwirtschaft und von ausgewählten Herstellern. Davon zeugen die Suppe mit Eichenberger Käse oder auch die Forelle aus Vorarlberg. Beate, die Sommelière, zeigt Ihnen gerne ihre Schätze aus dem Reich Bacchus' und bietet zudem abseits des Restaurantbetriebs regelmäßig Weinverkostungen und Winzertreffen an.

Nach dem kulinarischen Genuss kann man einen kurzen Spaziergang unternehmen, um sich die Beine zu vertreten. Direkt am Haus führen einige Wanderwege in verschiedene Richtungen. Wer ganz hoch hinaus möchte, kann von hier aus in einer Stunde den Pfänder erklimmen. Möchten Sie es etwas ruhiger angehen, bietet sich der Besuch des Wellnessbereichs im Hotel an, eine Insel der Entspannung für Gäste ab 16 Jahren.

In wenigen Minuten erreichen Sie mit dem Auto das Zentrum in Bregenz. Ideal für einen kleinen Spaziergang am Wasser oder durch die Altstadt.

68

Pfänder
Talstation Pfänderbahn:
Steinbruchgasse 4
A-6900 Bregenz
www.pfaenderbahn.at

Bregenz Tourismus & Stadtmarketing GmbH
Rathausstraße 35a
A-6900 Bregenz
+43 (0)5574 49590
www.bregenz.travel

Auf dem Hausberg
Pfänder

Vor allem an heißen Tagen empfiehlt sich ein Ausflug auf den Pfänder, den Hausberg von Bregenz. Auf über 1.000 Metern beträgt die Temperatur circa sieben Grad weniger als am Ufer des Bodensees. Die moderne Seilbahn bringt Sie in nur sechs Minuten zur Spitze hinauf, wo ein vielfältiges Freizeitangebot mit Gasthöfen, Wanderwegen und einem Wildpark wartet.

Die Anreise erfolgt komfortabel mit dem Schiff, Zug oder Auto. Vom Bahnhof oder Hafen in Bregenz führt ein rund zehnminütiger Spaziergang zur Talstation der Pfänderbahn, an der Sie auch parken können. Zwar ist es erlaubt, mit dem Pkw auf den Berg zu fahren, doch der Umwelt zuliebe und angesichts der engen kurvigen Straße sollte man es besser abstellen. Der Weg hinauf in den modernen Großraumgondeln erfolgt zudem bequem und vollständig barrierefrei. Wer lieber wandert, kann den Gipfel in circa zwei bis drei Stunden von Lochau aus auf einem Asphaltweg gut erreichen. Allerdings empfehle ich, schon allein der Landschaft wegen, die Energie für den rund 30-minütigen Rundwanderweg durch den Wildpark oben auf dem Pfänder zu sparen. Dort erwartet Sie ein herrlicher Ausblick: auf die deutsche Seite nach Oberschwaben, auf den Bregenzerwald, das Rheintal, über den Untersee bis hin zu den Ausläufern des Schwarzwaldes. Stolze 240 Berggipfel kann man bei klarem Wetter ausmachen.

Die Bergstation ist Start- und Endpunkt des Naturlehrpfades durch den Alpenwildpark, der bei freiem Eintritt ganzjährig besucht werden darf. Wenn Sie mit Ihren Enkeln unterwegs sind, kann der Spaziergang länger als eine halbe Stunde dauern, ziehen doch Alpensteinböcke, Hirsche, Murmeltiere und Wildschweine alle Aufmerksamkeit auf sich. Die Jüngsten werden vermutlich magisch vom Kleintiergehege mit Zwergziegen, Hängebauchschweinen und Hasen sowie der großen Waldrutsche angezogen. Das Berghaus Pfänder lädt danach zur kleinen Stärkung bei Selbstbedienung im Erdgeschoss und auf einer großen Aussichtsterrasse, auf der auch Gruppen Platz finden.

Im Winter bereiten präparierte Skipisten, Hüttenabende und buchbare Pferdekutschenfahrten Freizeitspaß im Schnee.

64

Bregenzer Festspiele auf der Seebühne
Platz der Wiener Symphoniker 1
A-6900 Bregenz
www.bregenzerfestspiele.com
+43 5574 4076

Das einzigartige Kulturerlebnis

Bregenzer Festspiele auf der Seebühne

Wohin mit einem Theater, wenn es keinen Platz gibt? Die Bregenzer haben darauf eine einfache Antwort: ab auf den See! Kurz nach dem Zweiten Weltkrieg platzierten findige Geister zwei große Kieskähne in Ufernähe aufs Wasser, um zwei Singspielen Mozarts eine Bühne zu geben. Eine Idee, die aus der Not heraus geboren wurde und sich als überragend erwies.

Eine eigene Sitzgelegenheit muss man sich beim bedeutendsten Kulturereignis am Bodensee schon lange nicht mehr mitbringen. Mittlerweile ist das sommerliche Wahrzeichen von Bregenz weltbekannt und zieht unzählige Besucher aus allen Winkeln der Erde an. Sogar James Bond, alias Daniel Craig, führten Dreharbeiten in die berühmte Kulisse, bei der Kunst und Natur die schönste Symbiose eingehen. Die weltweit größte Seebühne, bestehend aus tragfähigen Schwimmelementen und stets auf dem neuesten Stand, bietet für Theaterdarbietungen, Opern und Konzerte eine imposante Plattform. Auf ihr können schwerste Bühnenaufbauten positioniert werden und sich Künstler singend und tanzend gefahrlos bewegen. Wenn ab und an ein Darsteller in den seichten Bodenseewellen zwischen den Schwänen baden geht, ist das allein der Theatralik geschuldet. Die gekonnte Lichttechnik versetzt die Zuschauer zusätzlich in Erstaunen.

Bei einer Führung können Interessierte hinter die beeindruckenden Kulissen blicken und sich ein Bild von der hochmodernen Technik machen. Wer anschließend einer Aufführung beiwohnt, weiß den komplizierten Aufbau noch mehr zu würdigen. Alternativ können Sie vor dem Besuch mit einem Schiff eine Festspielrundfahrt unternehmen. Um die Festspiele herum wurde ein vielseitiges Angebot an Kulinarik, Unterkünften und Transportwegen aufgebaut.

Die Festspiele sind auf alle eingestellt. Auf telefonische Anfrage hin werden Personen mit eingeschränkter Mobilität bei der Platzwahl, je nach Verfügbarkeit, berücksichtigt. Während der Aufführung bietet der Publikumsservice Unterstützung. Zudem werden unterschiedliche Hörhilfen zur Verfügung gestellt.

65

Fischersteg Bregenz
Sunset Bar
Seeanlagen
A-6900 Bregenz
Bar: +43 (0)664 2558489

Vorarlberg Lines
Seestraße 4
A-6900 Bregenz
+43 (0)5574 42868
www.vorarlberg-lines.at

Ein Balkon überm Wasser

Fischersteg

Kurz nach 1900 fand in Bregenz ein kleiner Aufruhr statt. Immer mehr Bürger beschwerten sich über die Angler, die sich am Ufer des Sees mit ihren Ruten ausbreiteten und die Spaziergänger vermeintlich störten. Kurz entschlossen befand der Stadtrat, dass ein Steg für die Fischfänger errichtet werden sollte. Da ein Sturm gewütet hatte, stand billiges Baumaterial zu Genüge zur

Verfügung, und flugs wurde der Fischersteg errichtet. Die Angler in ihren adretten Sportkostümen bevölkerten die Holzbohlen, der dekorative Pavillon tat sein Übriges, und schon bald wurde der malerische Steg zweckentfremdet.

Bereits kurz nach seiner Eröffnung 1902 stand er im Mittelpunkt einer internationalen Veranstaltung. Mit über 100 Lampen geschmückt ließ er den Etappenort Bregenz innerhalb des Fernstreckenrennens Paris–Wien im besten Licht erstrahlen. Namhafte Rennfahrer, internationale Reporter und zahlreiche Direktoren verschiedener Automobilfabriken wurden dadurch an den Bodensee gelockt. Seit diesem denkwürdigen Ereignis ist der Fischersteg auf vielen Postkarten abgebildet. In den 1920er-Jahren starteten Wasserflugzeuge von hier aus auf ihren Rundflug über den See und brachten weiteres Publikum sowie Bekanntheit.

Noch heute ist der Fischersteg, zentral gelegen und gut erreichbar, ein beliebter Schauplatz für gesellschaftliche Momente und romantische Abende. Sobald die Temperaturen es zulassen, tummeln sich Gäste im jungen und besten Alter auf dem »Balkon überm See«. Dann bietet die in Weiß gehaltene *Sunset Bar* ihren Gästen prickelnde Getränke und mediterranes Flair zu guter Musik und fairen Preisen. Vor und nach den Vorstellungen auf der nahen Seebühne geht es sogar recht mondän zu, wenn die eine oder andere Abendrobe zu sehen ist.

Ab Bregenz können Sie an unterhaltsamen Erlebnisschifffahrten teilnehmen, bei denen Sie schnell mit anderen in Kontakt kommen: auf einem Disco-Fox-Schiff, bei einer *Oldies Night* zu Klängen von den *Rolling Stones* und den *Beatles* oder bei einer Zeitreise in vier Jahrzehnte Musikgeschichte auf der *Sonnenkönigin,* dem modernsten Schiff am Bodensee.

66

Das schmalste Haus Europas

Kirchstraße 29
A-6900 Bregenz

Genau hinschauen!

Das schmalste Haus Europas

Am schönsten, am größten, am höchsten … Superlative findet man rund um den Bodensee einige, doch Bregenz trumpft mit einem ganz besonderen auf: mit dem schmalsten Haus Europas. Das Gebäude in der Kirchstraße 29 ist eine Kuriosität und ein Hingucker in der Altstadt, den man en passant übersieht.

Im *Guinness-Buch der Rekorde* ist es nicht eingetragen, und auch andere europäische Städte beanspruchen den Titel, unter anderem Valencia oder Kiel, doch das Bauwerk in Bregenz besitzt mit gerade einmal 57 Zentimetern die schmalste Fassade. Bereits 1796 wurde es das erste Mal urkundlich erwähnt. Wann das Gebäude in die Lücke zwischen der Nummer 27 und 31 gebaut wurde, ist nicht bekannt. Es besitzt keine eigenen Außenmauern, obwohl der hintere Teil über wohnhausübliche Maße verfügt. Da die Tür breiter ist als die Front, greift sie auf die Wand der Nummer 31 über.

1886 wurde das Häuschen vom Urgroßvater des vorletzten Besitzers gekauft. Drei Generationen der Familie Lang betrieben nebenan ein Bürstenbindergeschäft und vertrieben zwischenzeitlich auch Kinderwagen. Dann wurden 1999 die Fenster und die Haustür in der Kirchstraße zugemauert, und zu allem Übel verstellte letztendlich sogar ein Verteilerkasten den Eingang. Glücklicherweise wurden die Öffnungen später wieder freigelegt. 2012 verkaufte der letzte Eigentümer der Familie Lang die zusammengehörenden Häuser Nummer 27 und 29, woraufhin sie miteinander verbunden und unter Auflagen des Denkmalschutzes saniert wurden. Auch wenn das Gebäude demnach keinen eigenständigen Bau mehr darstellt, wurde seine berühmte Fassade und somit der ursprüngliche Charakter gewahrt. Und die Kirchstraße konnte im wahrsten Sinne ein Kleinod behalten, das für Aufsehen sorgt!

Die Kirchstraße zählt zu den ältesten Straßen der Stadt und besticht durch ein nostalgisches Flair mit kleinen Läden, Cafés und einer Schneiderei. Lassen Sie sich Zeit für einen Bummel – immerhin muss man manchmal ganz genau hinschauen!

67

Kunsthaus Bregenz
Karl-Tizian-Platz
A-6900 Bregenz
+43 (0)5574
48594433
www.kunsthaus-
bregenz.at

Der Bäcker Ruetz
Kaiserstraße 18
A-6900 Bregenz
+43 (0)5574 53229
www.ruetz.at

Hohe Kunst auf allen Ebenen

Kunsthaus Bregenz

Museen sind häufig in historischen Gebäuden untergebracht, die mit der Ausstellung eine neue Funktion erhalten. Das Kunsthaus Bregenz wurde hingegen einzig zu dem Zweck gebaut, Kunst ins beste Licht zu rücken. Seit der Eröffnung 1997 strömen Besucher herbei, um die Exponate und die Architektur zu bestaunen. Der Beton-Stahl-Kubus mit Glasplatten reflektiert das Sonnenlicht und wechselt je nach Wetterverhältnissen sein Äußeres. Der Eindruck eines Leuchtkörpers wird durch die Spiegelungen auf dem nahen See effektvoll verstärkt.

Ein Behälter für Kunst sollte es werden, sagte der Architekt Peter Zumthor bei der Eröffnung, grandios und schlicht zugleich. Im Innern wird der Blick von Wänden begrenzt, nicht von der Umgebung abgelenkt und die Kunst dadurch in den Mittelpunkt gestellt. Weit über 100 Künstlern aus aller Welt wurde in diesem Rahmen eine ideale Plattform für ihr Wirken geboten. Sie sind eingeladen, eine Symbiose mit der Architektur einzugehen. Viele der zum Teil einmaligen Exponate entstehen daher eigens für das Haus. Dabei arbeiten die Künstler vor Ort eng mit Technikern und den Kuratoren zusammen. Darüber hinaus ergeben sich Kooperationen mit der heimischen Industrie und dem Handwerk. Die bemerkenswerte Qualität und Flexibilität der Vorarlberger Firmen wird dabei von den Künstlern immer wieder hervorgehoben.

Für die Besucher werden durch das intensive Zusammenspiel zwischen Künstler und dem Raum sowie regionalen Akteuren Überraschungsmomente geschaffen. Sowohl das Äußere als auch das Innere des Kunsthauses befindet sich stets im Wandel. Dieses bietet zudem alle Annehmlichkeiten eines modernen Baus. Alle Stockwerke sind durch einen Lift miteinander verbunden und Sitzgelegenheiten ermöglichen Pausen, in denen die Kunst wirken kann. Auch der Standort erweist sich als komfortabel: Durch die Nähe zum Hafen und Bahnhof ist eine unbeschwerte Anreise möglich. Besucher ab 60 Jahren erhalten ermäßigten Einlass.

Ein Abstecher zum Bäcker Ruetz gehört dazu, wenn man in Österreich ist. Besonders die süßen Stückchen haben es mir persönlich angetan, oft mit Topfen oder Marillen verfeinert.

68

Historische Schifffahrt Bodensee
Themenfahrten
Hohentwiel
(Mai bis September)
Anleger: Hafenstraße 15
A-6971 Hard
+43 (0)5574 63560
www.hs-bodensee.eu

Historischer Törn

Fahrt mit dem Dampfschiff Hohentwiel

»Tschut, tschu-u-ut« – Einheimische wissen: Wenn der lang gezogene tiefe Ton erklingt, kreuzt die *Hohentwiel* über den See. Der einzige noch betriebene Schaufelraddampfer am Bodensee ist im gleichen Jahr wie die *Titanic* vom Stapel gelaufen. Einst Staatsjacht des württembergischen Königs, darf heutzutage jeder mit dem über 100 Jahre alten Schiff auf Zeitreise gehen.

Die *Hohentwiel* gleitet nahezu lautlos über den See, wie man es sonst nur von Segelbooten kennt. Oben an Deck genießen die Gäste die Aussicht und das Flair der schwimmenden Legende, während im Mittelschiff zwei Maschinisten die Schalttafeln bedienen oder das Kesselwasser analysieren. Wie in guten alten Zeit drehen sich die roten Schaufelräder unablässig, nur wird heutzutage der Umwelt zuliebe der Dampf nicht mehr mit Steinkohle, sondern mit schwefelarmem Heizöl erzeugt. Dem geschäftigen Treiben können die Passagiere vom Salon aus zuschauen. Dessen elegante Holzausstattung wurde originalgetreu von der Innsbrucker Manufaktur Auer nachgebaut. Die Kombination von Jugendstil und maritimer Ästhetik erzeugt ein authentisches einmaliges Ambiente, das zum Schwelgen und Träumen einlädt.

Bei 16,7 Knoten Höchstgeschwindigkeit, also 31 Stundenkilometern, steht der Genuss im Vordergrund. Beobachten Sie auf einer der klassischen Holzliegen auf dem überdachten Vorschiff mit einem Glas Wein den Sonnenuntergang. Oder dinieren Sie einst wie König Wilhelm II. und Graf Zeppelin gemeinsam mit dem Kapitän auf dem Oberdeck. Verschiedene Rundfahrten ab dem Heimathafen Hard, circa vier Kilometer südwestlich von Bregenz, bieten stilechte historische Dampfschifffahrten an. Da die Zahl der Fahrgäste meist auf die Hälfte der möglichen Auslastung beschränkt ist, erhält jeder die Möglichkeit, ein Eckchen für sich zu erobern.

Lust auf pure Lebensfreude und unterhaltsamen Plausch bei Klängen von Trompete, Klarinette und Banjo? Während des *Dixie-Törns* auf dem Deck des Schaufelraddampfers können Passagiere einen beschwingten Nachmittag bei Musik und Leckereien verbringen.

69

Erlebnis-Naturschau Inatura
Jahngasse 9
A-6850 Dornbirn
+43 (0)5572 23235
www.inatura.at
www.eventgastro-inatura.at

Dornbirn Tourismus & Stadtmarketing
Rathausplatz 1a
A-6850 Dornbirn
+43 (0)5572 22188
www.dornbirn.info

Wunder des Lebens

Erlebnisnaturschau *Inatura*

Die Naturschau *Inatura* führt uns durch die typischen Lebensräume in Vorarlberg. Jung und Alt tauchen teils interaktiv in die Welt der Gebirge, des Waldes und des Wassers ein. Der Bereich *Unser Körper* komplettiert die Ausstellung rund um das Wunder des Lebens. Ausprobieren, Erleben und Begreifen ist das Motto in einem der modernsten Naturmuseen Europas. Stationen laden zum Experimentieren ein und wecken den Spieltrieb jedes Besuchers, gleich welchen Alters, während multimediale Präsentationen unter anderem das natürliche Miteinander von Mensch und Tier zeigen.

Alljährlich zählt das Museum über 120.000 Besucher. Die Ausstellung richtet sich explizit an alle Altersklassen. Senioren wie Kinder erhalten ermäßigten Eintritt und die Wege durch die Ausstellung sind geebnet. Bei allen Gästen beliebt sind die lebendigen tierischen Bewohner wie Margret und Martha, die beiden Meerschweinchen, oder Ali, der Aal. Auf den ersten Blick vielleicht nicht die ausgefallensten Tiere, doch gerade die Pflege und Aufzucht heimischer Arten bedürfen sehr vieler Faktoren. Haben Sie schon mal darüber nachgedacht, dass die Lebewesen bei uns dem Jahreszeitenwandel unterworfen sind und ihn zugleich benötigen, während Exoten meist nur ein bestimmtes Klima zum Überleben brauchen? Die vier Jahresabschnitte hierzulande werden im Museum entsprechend imitiert, so überwintern Schlangen, Frösche und Eidechsen je nach Grundbedürfnis in einem Umluft-Kühlschrank oder werden mit UV-Licht bestrahlt.

Im letzten Ausstellungsbereich begeben wir uns im wahrsten Sinne auf eine Reise durch den menschlichen Körper. Entlang des Weges durch unseren Verdauungsapparat, überdimensional dargestellt und begehbar, erforschen wir Schritt für Schritt die Funktionen und Zusammenhänge unserer Körperteile. Die ständige Naturschau wird zudem durch zahlreiche Vorträge und thematische Workshops ergänzt.

Im museumseigenen Restaurant können Sie sich stärken. Im Anschluss empfiehlt sich ein Stadtbummel. Das *Inatura* liegt in der Nähe zur Innenstadt und zum Stadtgarten in Dornbirn.

70

Berg Karren
Talstation Dornbirner
Seilbahn: Gütlestraße 6
A-6850 Dornbirn
Seilbahn:
+43 (0)5572 22140
Restaurant:
+43 (0)5572 54711
www.karren.at

Rolls-Royce Museum
(März bis November)
Gütle 10
A-6850 Dornbirn
+43 (0)5572 52652
www.rolls-royce-
museum.at

Gipfel mit Komfort

Hausberg Karren

Auf der Landkarte erscheint der Karren ziemlich unspektakulär, nur 971 Meter hoch und streng genommen kein Berg, sondern ein Nebengipfel vom 500 Meter höheren *Staufen* direkt darüber. Dennoch gehört er zu meinen Lieblingsbergen in der Region, ist er doch das ideale Ausflugsziel für Gourmets und Freunde des Komforts.

Rund um die Talstation der ganzjährig betriebenen Dornbirner Seilbahn stehen über 150 Parkplätze für Pkws und Busse bereit. Alle Viertelstunde schweben die Gondeln in weniger als fünf Minuten zur Spitze hinauf. Oben eröffnet sich eine traumhafte Rundsicht über das Rheintal, den Alpstein und den Bodensee. Gegenüber ragt der Säntis als höchste Erhebung der Appenzeller Alpen majestätisch empor. Besonders malerisch zeigt sich das Panorama, wenn Nebel über dem Tal hängt und über einem die Sonne erstrahlt. Auf der *Karren-Kante* bekommt man das Gefühl, Teil dieses Postkartenmotivs zu sein. Der zwölf Meter lange Glassteg scheint frei über dem tiefen Abgrund zu schweben – nichts für schwache Nerven, aber ideal für einen atemberaubenden Ausblick und spektakuläre Fotos.

Alternativ genießen Sie die Aussicht im modernen Panoramarestaurant. Feine österreichische Speisen wie Bregenzerwälder Kässpätzle, aber auch leichtere Kost und ein aufmerksames Serviceteam verwöhnen Gaumen und Seele. Zum Sonnenuntergang bietet sich ein einmaliges Erlebnis: In phänomenaler Atmosphäre können Sie einen unvergesslichen Abend verbringen, mit Blick auf die glitzernden Lichter der Städte unter Ihnen.

Rund um den Gipfel sind viele kurzweilige Wanderungen mit unterschiedlichen Schwierigkeitsgraden ausgeschildert. Je nach Gusto kann ein gemütlicher Spaziergang oder eine anspruchsvolle Tour unternommen werden. Laufen Sie aber nicht mittags los, denn hier oben brennt die Sonne gnadenloser als unten am See. Ein guter Zeitpunkt ist nachmittags. Dann können Sie gleich einen Restaurantbesuch am Abend mit einplanen.

Erleben Sie den Mythos von *Rolls Royce* im gleichnamigen Museum, nicht weit von der Talstation entfernt. Qualität, Luxus und Vergnügen garantiert!

71

Rappenlochschlucht
Startpunkt: Im Gütle
A-6850 Dornbirn
+43 (0)5572 22188
www.rappenloch.at

Rappenlochstadl
Beckenmann 2
A-6850 Dornbirn
+43 (0)664 6453441
www.rappenlochstadl.at

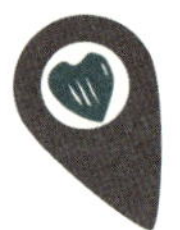

Wenn Naturgewalten wirken

Rappenlochschlucht

Auf gut ausgebauten Stegen unternehmen wir eine kurze abenteuerliche Wanderung durch die imposante Rappenlochschlucht. Ausgangs- und Endpunkt ist der Parkplatz Gütle in Dornbirn. Der ausgeschilderte Rundweg führt uns in rund eineinhalb Stunden bei gemächlichem Tempo durch die imposanten Felsmassive zum Staufensee und zurück. Achten Sie auf gutes Schuhwerk und eventuell Trekkingstöcke. Sanitäranlagen befinden sich am Kraftwerk auf halber Strecke am Stausee. Einkehrmöglichkeiten bieten sich dort ebenfalls oder nach der Tour am Eingang zur Klamm.

Ich bin immer wieder erstaunt, wie nahe das wild-malerische Felsental am Zentrum von Dornbirn liegt. Kurz nach dem Parkplatz führt der Weg in die Schlucht hinein. Die Versteinerungen und Faltungen stammen aus einem erdmittelalterlichen Meer, aus denen Naturgewalten im Laufe der Zeit die Alpen geformt haben. An dieser Stelle frisst sich seit mehreren 10.000 Jahren die Dornbirner Ache durch den Kalkstein und wird dies vermutlich auch noch die nächsten Jahrhunderte tun. Faszinierend Anblicke bieten die engen Durchgänge im Fels, die durch diesen urwüchsigen Prozess entstanden sind, während das Wasser unter uns tosend seinen Weg sucht. Früher verwendeten die Menschen den Fluss als Transportweg für Holz. Sie stauten die Wassermassen und öffneten die Dämme gezielt, damit die Flut die Fracht mit sich ins Tal hinunterriss.

Am Ende der Schlucht erreiche ich auf 600 Metern Höhe den Stausee, dessen Name vom Berg Staufen herrührt. Ende des 19. Jahrhunderts wurde er mitsamt einem Kraftwerk gebaut, um die Spinnmaschinen einer Fabrik mit Strom zu versorgen. Heutzutage wird übrigens immer noch Energie erzeugt, die in das allgemeine Stromnetz eingespeist wird. Nachdem ich den See einmal umrundet habe, kehre ich auf dem gleichen Weg zurück und gewinne neue Eindrücke.

Im urigen *Rappenlochstadl*, direkt am Wasserfall beim Eingang der Rappenlochschlucht, können Sie gut einkehren. Erbaut aus echtem Altholz, punktet der Gasthof mit gemütlicher Atmosphäre und einem schönen Ausblick in die wilde Natur.

72

Falknerei und Restaurant Galina
(Juni bis Oktober)
Im Malbun 20
FL-9497 Malbun
+423 (0)265 3424
www.galina.li/falknerei

Tourist Office Liechtenstein Center
Städtle 39
9490 Vaduz
+423 (0)239 6363
tourismus.li

Eine Vogelhochzeit

Falknerei Galina

Am Bodensee als Vierländerregion erreichen wir in rund einer Stunde das weltoffene Liechtenstein in den Alpen. Malbun auf 1.600 Höhenmetern ist das höchste Dorf des Kleinstaats. Hier ist die Welt noch in Ordnung – mit dieser Redewendung scheint dieses idyllische Fleckchen Erde gemeint zu sein. Das Wanderparadies mit Alpenpanorama bietet Erholung und Urlaub abseits der Hektik und des Massentourismus. Ein unvergleichliches Erlebnis bietet ein Spaziergang mit einem Steinadler!

Die Erlebnisgastronomie und Falknerei *Galina* ermöglicht ihren Gästen, den majestätischen Wildvögeln auch abseits der Greifvogelschau ganz nah zu kommen. Am Anfang geht es hoch hinaus mit der Sesselbahn auf den Hausberg Sareis auf rund 2.000 Metern Höhe, wo der Falkner mit seinen Vögeln auf uns wartet. Dann spazieren wir rund eineinhalb Stunden einen einfachen, gut begehbaren Weg hinunter ins Dorf, während der König der Lüfte uns im freien Flug begleitet. Die Teilnehmer erleben dabei das sogenannte »Beireiten« des Steinadlers auf die Faust des Falkners und die enge Bindung zwischen Mensch und Tier. Der Falkner verrät sein Wissen über das Leben der Greifvögel in der Wildnis der Alpen und lässt einen kleineren Habicht immer wieder auf die Faust der Gäste fliegen. So erhalten wir hautnah einen Eindruck der Falknerarbeit.

Im gemütlichen Ambiente kann man die Wildvögel bei der Flugschau betrachten, die auf der Sonnenterrasse des hauseigenen Restaurants stattfindet. Während der Vorführung werden einzelne Gäste eingebunden, und Fragen sind jederzeit willkommen. Neben dem Steinadler erhalten wir die Möglichkeit, auch Habichte, Uhus, Bussarde, Falken und Kolkraben aus nächster Nähe zu bestaunen. Die Energie der Tiere, die Leidenschaft des Falkners und seines Teams sind gleichermaßen spürbar. Eine Adlerdame ging sogar so weit, den Falkner als ihren persönlichen Lebenspartner auszuerwählen und zu »heiraten«. Eine Ehre, der erst einer Handvoll Menschen zuteilwurde.

Das Restaurant bietet ebenerdig Platz für bis zu 120 Gäste. Im Sommer werden nach Anmeldung Gruppen ab zehn Personen ausgewählte Drei-Gänge-Menüs während der Flugschau serviert.

78

Kunstmuseum Liechtenstein
Städtle 32
FL-9490 Vaduz
+423 (0)235 0300
www.kunstmuseum.li

Liechtensteinisches Landesmuseum
Städtle 43
FL-9490 Vaduz
+423 (0)239 6820
www.landesmuseum.li

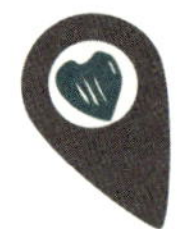

Über ein Jahrhundert Kreativität

Kunstmuseum Liechtenstein

Die Hauptstadt des Fürstentums Liechtenstein liegt nahe der Schweizer Grenze inmitten der Alpenidylle. Während auf einer Anhöhe über Vaduz die mittelalterliche königliche Residenz thront, steht mitten im Stadtzentrum ein futuristisch anmutender Kubus. Der schwarze Bau aus Zement und Basaltstein beheimatet seit 2000 das Kunstmuseum des Kleinstaates.

Das barrierefreie Museum zeigt ständige und wechselnde Ausstellungen des 20. und 21. Jahrhunderts. Skulpturen, Installationen und Objekte moderner sowie zeitgenössischer Künstler werden in großzügigen hellen Räumen präsentiert.

Ein Schwerpunkt liegt auf Werken der *Arte Povera,* einer norditalienischen Kunstströmung bildender Künstler ab den 1960er-Jahren, die mit gewöhnlichen und alltäglichen Materialien wie Erde, Holz oder Glassplittern arbeitete. Diese »einfache Kunst« ist wie die gesamte Sammlung vielleicht nicht immer auf den ersten Blick gefällig, regt jedoch zum Nachdenken an und setzt wertvolle Impulse.

Im Jahr 2015 wurde der schwarze würfelartige Bau um einen weißen erweitert, in dem die *Hilti Art Foundation* untergebracht ist. Die Privatsammlung der Unternehmerfamilie Hilti umfasst herausragende Werke der klassischen Moderne und der Gegenwart. Besucher können somit in beiden kubischen Gebäuden bemerkenswerte Gemälde, Plastiken, Objekte und Fotografien vom 19. Jahrhundert bis zur Gegenwart betrachten.

Eine Führung eignet sich, um mehr über die Hintergründe der Werke und ihrer Urheber zu erfahren. Nach Voranmeldung werden private Rundgänge für Gruppen angeboten. Darüber hinaus erhalten Senioren ermäßigten und Kinder bis 16 Jahre sogar freien Eintritt. Wer die Kunst während einer Pause wirken lassen möchte, kann das Café des Museums besuchen.

Möchten Sie nach einem Ausflug in die Moderne einen Blick in die Vergangenheit werfen? Im nahen *Liechtensteinischen Landesmuseum,* einer Stiftung des Fürstentums, können Besucher in die Geschichte, Landes- und Naturkunde des sechstkleinsten Staats der Welt eintauchen.

74

Säntis
Talstation
Schwebebahn:
Schwägalp 692
CH-9107 Schwägalp
+41 (0)71 365 6565
www.saentisbahn.ch

Berggasthaus
Alter Säntis
Ruedi und Claudia
Manser-Abderhalden
+41 (0)71 799 1160
www.altersaentis.ch

Freizeitkosmos auf der Höhe

Berg Säntis

Eingebettet in eine der schönsten Bergkulissen Europas, ragt der Säntis mit einer stolzen Höhe von 2.502 Metern empor. Bereits aus der Ferne wirkt er majestätisch, doch steht man auf seinem Gipfel, entfaltet sich die Faszination gänzlich: Mit Deutschland, Österreich, Liechtenstein, Frankreich, Italien und der Schweiz liegen einem sechs Länder zu Füßen.

Der höchste Berg der Appenzeller Alpen gehört zu den schönsten Naturgebieten Europas und bietet zu jeder Jahreszeit einen besonderen An- und Ausblick. Rund herum wurde ein eigener Freizeitkosmos mit jeglichem Komfort geschaffen. Während im Tal ein Hotel, eine Alpschaukäserei und das Besucherzentrum um Gäste buhlen, erwarten diese auf der Spitze zwei Restaurants sowie eine Erlebniswelt.

Von den Parkplätzen über die Tal- bis zur Bergstation können Besucher sich ungehindert fortbewegen; Niveau-Unterschiede werden mit Aufzügen überwunden. Alle halbe Stunde schwebt die Seilbahn in rund zehn Minuten hinauf. Oben angekommen, genießen Gäste aller Altersklassen mit Vorliebe zuallererst den Blick über das Alpsteinmassiv auf den Sonnenterrassen und im Panoramarestaurant *Säntisgipfel,* das sich neben der Bergstation befindet. Große wie kleine Besucher können zudem vis-à-vis in den Experimentierräumen Wetterberg einen Blitz oder einen Tornado auf dem Säntis auslösen und in der *Eiswelt* die Entwicklung einer zarten Schneeflocke zum stabilen Gletschereis interaktiv begleiten.

Es lohnt sich jedoch, auch ein paar Schritte weiterzugehen. Hinter dem Gipfel versteckt sich das traditionelle Berggasthaus *Alter Säntis* mit einer großen Terrasse, auf der regionale Spezialitäten angeboten werden. Das Flair könnte im Vergleich zu den neuesten Angeboten an der Bergstation nicht unterschiedlicher sein! Und so fühlt man sich, je nachdem auf welcher Bergflanke man steht, wie in einer anderen Welt.

Bei Anreise mit dem Pkw ist keine Vignette erforderlich, die Straßen sind gut befestigt und im Winter geräumt. Sie können sich jedoch bequem vom Zug nach Urnäsch oder Nesslau und im Anschluss vom Postauto bis zur Schwägalp fahren lassen.

75

Altstadt St. Gallen
Rund um die
Marktgasse
CH-9000 St. Gallen

Wirtschaft zur Alten Post
Gallusstrasse 4
CH-9000 St. Gallen
+41 (0)71 222 6601

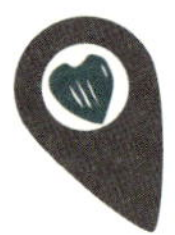

Zentrum der Ostschweiz

Altstadt

Wenn Sie etwas anderes als Schiffe, Wasser und Weinberge sehen möchten, lohnt sich ein Abstecher in die Ostschweiz. St. Gallen rollt für seine Besucher sogar den roten Teppich aus. Am Rande der Altstadt, in der sogenannten Stadtlounge, wurde ein riesengroßes Exemplar ausgelegt. Auf dem Roten Platz samt passendem Mobiliar, kreiert 2005 von der Künstlerin Pipilotti

Rist, darf sich jeder Gast hofiert fühlen. Etwas versteckt, an einer Tiefgarageneinfahrt, wurde auch eine Möglichkeit für die Notdurft geschaffen. Idealerweise besuchen Sie den Platz nach einem Bummel durch das historische Zentrum, denn rund um die Marktgasse können Sie einiges entdecken.

Die Straßen verlaufen heute noch in etwa so, wie sie nach dem verheerenden Stadtbrand 1418 angelegt wurden. Im Süden der Altstadt befinden sich nun seit Jahrzehnten die Einkaufsmeilen der »Gallusstadt«, wobei neben der Marktgasse vor allem die Multergasse, Neugasse und Spisergasse Besucher anziehen. In vielen Schaufenstern liegt Exklusives aus, sodass manches Mal das Anschauen dem Kaufen vorzuziehen ist. Einst machten die St. Galler Kaufleute ihr Vermögen mit dem Export von Stoffen in alle Welt. Bunte Erker, genau 111 an der Zahl, und reich verzierte Fassaden mit exotischen Früchten, wilden Tieren aus Afrika oder griechischen Göttern zeugen heute noch von den erfolgreichen Fahrten in ferne Länder.

Südlich der Altstadt, im Quartier St. Georgen, liegt an der Bitzistrasse das Naherholungsgebiet *Drei Weihern*, das schönste »Naturbadi« der Ostschweiz. Im 17. Jahrhundert am Hang des Freudenbergs angelegt, umfasst das St. Galler Idyll fünf Weiher, die zum Baden und Sonnen einladen. Von einem Panoramaweg aus eröffnet sich eine schöne Aussicht auf die Stadt, die bei gutem Wetter bis zum Bodensee reicht. Wer den Höhenunterschied zwischen der Altstadt und St. Georgen bequem zurücklegen möchte, nimmt die Standseilbahn, die in der St. Georgen-Strasse an der Mühlegg Talstation abfährt.

Besuchen Sie eines der legendären »Erststock-Beizlis«. Die urigen Lokale im ersten Stock historischer Häuser bieten oft Fondue als Hauptgericht. Beliebt ist die *Wirtschaft zur Alten Post.*

76

Textilmuseum St. Gallen
Vadianstrasse 2
CH-9000 St. Gallen
+41 (0)71 228 0010
www.textilmuseum.ch

St. Gallen-Bodensee Tourismus
Bankgasse 9
CH-9001 St. Gallen
+41 (0)71 227 3737
www.st.gallen-bodensee.ch/de

Feinste Spitze

Textilmuseum

Was haben Pippa Middleton, Michelle Obama und George Clooneys Gattin Amal mit St. Gallen zu tun? Alle drei Damen lieben die berühmte St. Galler Spitze. Die Schwägerin von Prinz William sogar so sehr, dass sie darin heiratete.

Im Textilmuseum, das 1886 von den Kaufleuten St. Gallens im Palazzo Rosso gegründet wurde, können Besucher der Besonderheit des feinen Garns und der Stadt als Stoffzentrum auf den Grund gehen. Der Ruhm des zarten St. Galler Produkts fußt auf der speziellen Ätztechnik, mit der ab 1883 filigrane Stickereien mechanisch hergestellt werden konnten. Dabei wird mit einer Lauge der Stickboden von den hauchdünnen Mustern abgelöst. Die Qualität des Stoffs gehört bis heute zu den besten der Welt. Tausende Textilien, Musterbücher und Entwürfe für die Modebranche zeugen im Museum vom Erfolg St. Gallens als weltweit wichtigstes Produktions- und Handelszentrum von Stickereierzeugnissen. Die Vereinigung der Kaufleute sammelte rund um den Globus Mustervorlagen als Inspiration für die heimischen Hersteller. Sogar antike Spitze aus ägyptisch-koptischen Gräbern brachten sie zurück in die Alpen.

Heute noch ist die St. Galler Spitze ein Verkaufsschlager. Dementsprechend richtet die Ausstellung auch einen Blick in die Gegenwart und Zukunft. Einen Höhepunkt bilden die Kreationen, die in der nächsten Saison in New York, Mailand und anderen internationalen Laufstegen vorgestellt werden. Wechselnde Ausstellungen – von *Stitch Yoga* über meditatives Sticken bis hin zur Mode als Luxusobjekt – bieten eine unterhaltsame und oft überraschende Ergänzung.

Im angegliederten Laden ist die Auswahl an Stoffen enorm. Heimische Modemacher nutzen die Plattform, um einen Blick auf ihre aktuellen Kollektionen zu gewähren. Publikationen rund um die Textilien laden ein, sich zu Hause im Thema weiter zu vertiefen. Besonders sehenswert sind die alten Musterbücher der großen Textilfirmen.

Probieren Sie unbedingt die originale St. Galler »OLMA-Bratwurst«. Den Namen dürfen nur Produkte aus der Region tragen. Achtung: Senf dazu ist tabu!

77

Stiftsbibliothek St. Gallen
Klosterhof 6d
CH-9000 St. Gallen
+41 (0)71 227 3416
www.stiftsbezirk.ch/de/

Berühmtes Rokoko

Stiftsbibliothek St. Gallen

Der Stiftsbezirk St. Gallen mit der altehrwürdigen Bibliothek gehört zum UNESCO-Weltkulturerbe. Die bedeutende Sammlung im berühmten Rokokosaal zählt zu den größten und ältesten Klosterbibliotheken weltweit. Fahren Sie früh los, um dem Besucherandrang ab mittags zu entgehen, und lassen Sie die stille, nahezu sakrale Atmosphäre auf sich wirken.

Allein der prächtige Barocksaal beeindruckt durch seine Architektur und Gestaltung. Ausgewogene Formen und Linien sind kunstvoll verziert. Unter einem glänzt der wertvolle Intarsienboden, während detailreiche Deckengemälde und Stuckarbeiten um die Aufmerksamkeit des Betrachters buhlen.

Erst nach einer Weile wandern die Augen zu den eigentlichen Protagonisten. Meterhoch schmücken wertvolle Bände in dunklen Holzregalen die Wände. Insgesamt umfasst der Bestand mehr als 170.000 Bücher sowie 2.100 Handschriften und kunstgerecht vergoldete Manuskripte. Die Sammlung dokumentiert im Grunde ununterbrochen die letzten 1.300 Jahre, somit auch die Gründung des Benediktinerklosters durch Gallus und Otmar. Damit die Mönche sich in dem bereits damals beachtlichen Fundus zurechtfinden konnten, verfügt jedes Buchregal über einen eigenen Katalog, versteckt hinter Holzpaneelen. Er besteht aus verschiebbaren Holztafeln, eine für jedes Buch. Kam ein neues hinzu, wurde ein weiteres Plättchen dazwischengeschoben. Wurde ein Exemplar entliehen, wurde die Markierung versetzt und die Entnahme für alle ersichtlich.

Fragen beantworten die freundlichen Mitarbeiter im Raum gerne. Eine ausführliche Führung ist im Eintrittspreis des Kombitickets enthalten. Dies befähigt auch zum Besuch des Gewölbekellers und des Ausstellungssaals. Im gesamten Stiftsbezirk garantieren barrierefreie Wege und Anlagen einen unbeschwerten Aufenthalt. Nehmen Sie sich Zeit, das Weltkulturerbe-Areal und die Kathedrale in Ruhe zu erkunden.

Der Legende nach stolperte der irische Mönch Gallus in der Mülenenschlucht über einen Dornenstrauch. Er interpretierte den Vorfall als Zeichen und legte den Grundstein für die Abtei mit dem Namen St. Gallen.

78

Appenzeller Schaukäserei
Dorf 711
CH-9063 Stein
+41 (0)71 368 5070
www.schaukaeserei.ch

Appenzeller Volkskunde-Museum Stein
Dorf
CH-9063 Stein
+41 (0)71 368 5056
www.appenzeller-museum.ch

Das bestgehütete Geheimnis

Appenzeller Schaukäserei

Seit mehr als 700 Jahren entsteht in Appenzell der würzigste Käse der Schweiz. Berühmt wegen der schmackhaften Kräutersulz, deren Rezeptur eines der bestgehüteten Geheimnisse des Landes ist. Auch bei einem Besuch in der Schaukäserei können wir es nicht lüften. Stattdessen erhalten wir Einblicke in die Zubereitung und dürfen uns selbst daran versuchen.

Ins traditionelle »Käsekessi« aus Kupfer passen 6.500 Liter Milch, die auf 31 Grad Celsius erwärmt werden. Nach Zugabe von Lab und Milchsäurebakterien beginnt die Gerinnung. Mit einer riesigen Gabel, der Käseharfe, wird die eingedickte Masse behutsam verrührt, damit sich kleine Körner von der wässrigen Molke trennen. Der sogenannte Bruch wird bei gewünschter Konsistenz in runde Behälter gefüllt, gepresst und auf den Kopf gestellt. Anschließend tropfen die frischen Käselaibe mehrere Monate auf Regalen im Keller ab. Roboter wenden die rund 13.000 Exemplare regelmäßig, bis jedes einen eigenen Käsepass als Qualitätssiegel erhält.

Der 2017 modernisierte Rundgang ist barrierefrei und interaktiv aufgebaut. Dank *Chäsli Jakob*, einer kleinen Maus, lernen auch Kinder spielerisch die Hintergründe des leckeren Lebensmittels. Gruppen können individuelle Führungen buchen, gemeinsam Käse produzieren oder eine Weinprobe machen. Im Laden sind originale Käse-Fondue-Mischungen mit originellen Namen wie *Dibidäbi* oder *Buuchrüübeli* für zu Hause erhältlich. Im gemütlichen Restaurant mit hellem Holzmobiliar und echtem »Käsekessi« lassen sich traditionelle Appenzeller Gerichte vor Ort genießen.

Aufmerksamen Besuchern fällt auf, dass die Appenzeller Senner einen vergoldeten Ohrring tragen, in Form einer »Schuefle«, einer Kelle. Er gehört seit dem 19. Jahrhundert zur Männertracht. Das traditionelle Arbeitsgerät im Miniaturformat baumelt am rechten Ohr, gehalten von einer Schlange, die sich in den eigenen Schwanz beißt. Sie symbolisiert den fortwährenden Kreislauf von Leben, Tod und Auferstehung.

Besuchen Sie auch das *Appenzeller Volkskunde-Museum* nebenan, in dessen Zentrum die bäuerlich-sennische Kunst steht.

79

Würth Haus Rorschach
Churerstrasse 10
CH-9400 Rorschach
+41 (0)71 225 1000
www.wuerth-haus-rorschach.ch/de

Witzwanderweg im Appenzeller Land
Heiden–Walzenhausen
Startpunkt: Dorfplatz Heiden
Kontakt: Tourist-Info
Bahnhofplatz 1
CH-9410 Heiden
+41 (0)71 898/3301
www.appenzellerland.ch

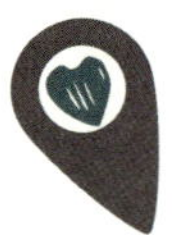

Kunst für jedermann

Museum *Würth Haus Rorschach*

Würth ist nicht nur für Schrauben bekannt, sondern auch für Kultur. Neben dem weltweit erfolgreichen Unternehmen wirkt die württembergische Familie seit den späten 1980er-Jahren als Förderer von Kunst und Bildung. Mehr als ein Dutzend Museen werden in Europa unter ihrem Namen geführt. Die Sammlung umfasst mittlerweile mehr als 18.500 Gemälde, Zeichnungen und Skulpturen der letzten zwei Jahrhunderte und gehört zu den bedeutendsten Privatbeständen Europas. In Rorschach, direkt am Bodenseeufer gelegen, kommen Gäste in den Genuss wechselnder Kunstausstellungen, und das völlig zwanglos und kostenfrei. Auch Radfahrer auf einem Zwischenstopp oder Passagiere eines Schiffes sind willkommen, frei nach dem Motto: Kunst ist für alle da.

Im bewusst dezent gestalteten Haus wird auf über 800 Quadratmetern zeitgenössische Kunst gezeigt. Im Rahmen der Kunstvermittlung als Leitgedanke werden Führungen eigens für Familien, Kinder, Gruppen und sogar barrierefreie Rundgänge angeboten. Eine einzigartige Möglichkeit bieten die kostenfreien Seniorenführungen einmal im Monat. Unter dem Motto »Senioren führen Senioren« werden gemeinsam Bilder ausführlich betrachtet, von Kunstbegeisterten kommentiert und ein Austausch von Gedanken und Erfahrungen angeregt. Ab fünf Personen finden diese besonderen Rundgänge für kleines Geld im privaten Rahmen statt.

Im Skulpturengarten am See, wo originelle bunte Mosaikfiguren von Niki de Saint Phalle die Blicke auf sich ziehen, ist es für jede Person ein Leichtes, in die kreative Welt einzutauchen. Menschen jeden Hintergrunds zaubert der *Drachen* oder der *Bär* ein Lächeln ins Gesicht. Und da zu Kunst und Kultur auch Kulinarik gehört, genießen Sie abschließend im *KunstCafé* oder *Restaurant Weitblick* eine kleine Stärkung bei malerischer Aussicht auf den See.

Zur Kultur der Appenzeller gehört ihr spezieller Humor, dem sie eine eigene Wanderroute gewidmet haben. Entlang der leichten acht Kilometer langen Strecke bringen 40 Witzetafeln die Spaziergänger rund drei Stunden lang zum Schmunzeln.

80

MoMö – Schweizer Mosterei- und Brennereimuseum
St. Gallerstrasse 209
CH-9320 Arbon
+41 (0)71 447 1000
www.moehl.ch/de

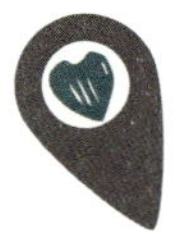

»Museum of modern Öpfel«

Schweizer Mosterei- und Brennereimuseum *MoMö*

In den Adern der Familie Möhl fließt vermutlich Apfelsaft statt Blut. Nur so sind die vielen (Schnaps-)Ideen zu erklären, die in der 1895 gegründeten Mosterei und Brennerei seit fünf Generationen verwirklicht werden. Die Eigentümer haben auf dem Firmengelände eine Erlebniswelt rund um den Apfel erschaffen, spielerisch »Museum of Modern Öpfel« genannt.

Eine interaktive Ausstellung, Restaurant, Mostproben, Themenführungen zum Obst, seiner Pflege und Verarbeitung entführen die Besucher in einen überraschend vielfältigen Apfelkosmos. Der Brennmeister steht persönlich in der Destillerie und erläutert die Kunst des Obstbrennens. Auf unterhaltsame Weise wird fundiertes Wissen vermittelt und die Geschichte des Handwerkes eindrücklich veranschaulicht. Dabei kann jeder Gast selbst testen und ausprobieren. Kurzweilige Filme zeigen den Alltag eines Mosters vor über 100 Jahren und die Entwicklung des Landwirtschaftsbetriebs zum modernen Apfelsaft- und Apfelweinproduzenten. Auch bewegende Zeiten werden tangiert, wie der Brand der Trestertrocknerei 1951 oder das politisch initiierte Massenfällen in den 1960er- und 70er-Jahren, als zur Regulation des Marktes Millionen von Obstbäumen beseitigt wurden und die Brennerei um ihren Rohstoff bangen musste.

Historische Pressen, Obstmühlen und Laborgeräte und interaktive Stationen ermöglichen einen Blick in die Vergangenheit und Zukunft. Kostproben und traditionelle regionale Speisen an der Bar oder im Obstgarten versprechen Genuss. In der weitläufigen Außenanlage können sich Enkel an einfallsreichen Geräten mit Apfelmotiven austoben, während man selbst auf einer der Bänke oder Holzliegen eine Pause einlegt. Die Erlebniswelt entspricht auf allen Ebenen modernsten Ansprüchen, überzeugt mit Authentizität und verführt ihre Gäste zum spielerischen Entdecken. Einen großen Beitrag daran haben die Familienmitglieder, die dem bemerkenswerten Museum eine persönliche Note verleihen.

Kennen Sie die Möhl-Spezialität in der Bügelflasche? Trüber Apfelwein wird drei Monate in Schweizer Eichenholzfässern gelagert und erhält so einen unvergleichlichen Geschmack.

81

Restaurant Hafen
Friedrichshafner-strasse 55a
CH-8590 Romanshorn
+41 (0)71 466 7848
www.restaurant-hafen.ch

Schweizerische Bodensee-Schifffahrts-gesellschaft AG
Ableger Hafen
Friedrichshafner-strasse 55
CH-8590 Romanshorn
+41 (0)71 466 7888
www.sbsag.ch

Schiff ahoi!

Restaurant Hafen

Ungenutzte Lagerräume in bester Lage am Bodenseeufer? Der findige Schweizer weiß die Gelegenheit zu nutzen und verwandelt die Fläche in ein stilvolles Restaurant, das ganz im Zeichen der Nautik steht. Endlich ein Lokal, das stilistisch eine perfekte Verbindung mit dem Standort eingeht. Die marktfrische regionale Küche im *Hafen* vollendet die gelungene Symbiose.

Das maritime Flair steckt in allen Ecken: Die Gäste sitzen auf Bänken, die dem Mobiliar eines historischen Schiffs nachempfunden sind, und blicken auf eine Tapete, die alle Fische des Bodensees zeigt. An den Wänden sind fünf Bullaugen geschmackvoll integriert, und die mit Stahlblech und Metallbändern verkleidete Kombüse geht in einen geschwungenen Schiffsrumpf über, der als Theke und Ausgabe fungiert. Holzspanten verkleiden die Decke, und über die Terrasse wird im Sommer ein großes Segel gespannt, um die Außenplätze bei unterschiedlichen Wetterverhältnissen nutzen zu können.

Wie Sie merken, komme ich ins Schwärmen, dabei sind erst wenige Worte über das Essen gefallen. Seien Sie versichert, die Küche erfreut die Gäste ebenso wie die Einrichtung. Das Team kombiniert bodenständige Rezepte helvetischen Ursprungs mit internationalen Lieblingsgerichten und achtet auf Marktfrische und Regionalität. Das Angebot ist eine gelungene Abwechslung zu den meisten Restaurants auf der gegenüberliegenden Seite des Bodensees.

Seien Sie neugierig und schlemmen Sie sich durch die Speisekarte. Sie werden es nicht bereuen, aber aufgepasst: Falls Ihnen manche Gerichte nichts sagen, fragen Sie beim Personal nach. Es könnte sein, dass Sie bei »Mostbröckli« nicht an Pferdefleisch denken, was in der Schweiz eine Delikatesse darstellt, wir Deutschen jedoch, sagen wir mal, gewöhnungsbedürftig finden.

Das Restaurant liegt direkt am Hafen. Stündlich fährt die Autofähre zwischen Friedrichshafen und Romanshorn, die rund 45-minütige Überfahrt gehört zu den schönsten Strecken zwischen dem Nord- und dem Südufer. Besonders bei Sonnenuntergang.

82

Altnauer Apfelweg
Startpunkt: Bahnhof
CH-8595 Altnau

Feierlenhof
Generationen-
gemeinschaft Barth
Bleihofstraße 25
CH-8595 Altnau
+41 (0)71 695 2372
www.feierlenhof.ch

Der Weg ist das Ziel

Altnauer Apfelweg

Im Thurgau lässt es sich hervorragend wandern. Die malerische Landschaft weiß jeden zu begeistern. Das Dorf Altnau liegt inmitten von Obstplantagen und pflegt seit Generationen den Anbau und die Verarbeitung verschiedener Apfelsorten. Warum Jonagold und Braeburn auf diesem Flecken Erde so gut wachsen, verrät der *Altnauer Apfelweg.*

Der Pfad beginnt am Fuße von Altnau, nur 500 Meter vom Bahnhof entfernt, und ist gut mit dem Auto oder den öffentlichen Verkehrsmitteln zu erreichen. Der *Altnauer Apfelweg* besteht aus drei verschiedenen Strecken, die allesamt leicht begehbar sind oder mit dem Fahrrad, dem Kinderwagen oder der Pferdekutsche bestritten werden können. Sie lassen sich zudem zu Rundwegen von fünf, sechs oder sieben Kilometern miteinander kombinieren. Jede Route kennzeichnet ein knuffiges Apfelmaskottchen, und so begleiten Fredi, Lisi und Emma die Wanderer durch die Apfelhaine.

Nun ist sprichwörtlich der Weg das Ziel, denn zahlreiche zum Teil interaktive Stationen machen die Tour zu einem kurzweiligen Erlebnis. Besonders schön ist die Wanderung im Frühjahr zur Apfelblüte oder im Herbst zur Erntezeit. Auf der längsten Strecke führt Lisi auf vier Kilometern an Obstplantagen und bei einem Erdbeerbauern vorbei, der in der entsprechenden Jahreszeit mit frischer Ernte auf Besucher wartet.

Unterwegs laden Picknick- und Rastplätze zu kurzen Pausen ein, oft mit wunderschöner Fernsicht über Altnau und den Bodensee. Wer es komfortabler mag, sollte auf dem Feierlenhof einkehren, der direkt an der Lisi-Route liegt und Sanitäranlagen, Spielemöglichkeiten für die Enkel und ausreichend Platz für Gruppen bietet. Auf dem Hof werden seit Generationen Gäste bewirtet, und natürlich dreht sich vieles um den Apfel: hofeigener Süßmost, verschiedene Liköre, fruchtiges Apfelbrot und Trockenfrüchte sind nur ein Teil der Auswahl, die Familie Barth für Sie bereithält.

In Altnau steht der längste Steg am Bodensee. 270 Meter führen über das Wasser und geben den Blick auf die gegenüberliegende Seite nach Hagnau, Meersburg, Konstanz und die Alpen frei.

83

Bodensee Planetarium und Sternwarte
Breitenrainstrasse 21
CH-8280 Kreuzlingen
+41 (0)71 677 3800
www.bodensee-planetarium.ch

Die Sterne zum Greifen nah

Bodenseeplanetarium und Sternwarte

Mit offenen Mündern lauschen Enkelkinder den Geschichten von Oma und Opa, wenn Prinzessinnen, Piraten oder Dinosaurier darin die Hauptrolle spielen. Wie wäre es, wenn Sie Ihre erzählerische Schatzkiste um das All erweitern? Im Bodenseeplanetarium in Kreuzlingen können Sie gemeinsam auf eine faszinierende Reise ins Universum gehen.

Auf bequemen Sesseln tauchen Besucher in die unendlichen Weiten ferner Galaxien ein. Unter dem kuppelförmigen Nachthimmel sind Zeit und Raum schnell vergessen. Der moderne Projektor bringt Sie direkt auf den Mond und auf die Milchstraße. Die gesamte Decke des Planetariums fungiert als 360-Grad-Leinwand, auf der wechselnde Multimediashows gezeigt werden. Mit Blick auf die Sternenbilder lauscht das Publikum fesselnden Geschichten aus der Astronomie. Im klimatisierten Raum entflieht man dem Alltag ebenso wie dem Wetter – ein ideales Ausflugsziel an regnerischen oder allzu heißen Tagen.

Am Abend ist ein Besuch der Sternwarte ein besonderes Erlebnis. Statt eines virtuellen Firmaments scheinen dank hochsensibler Teleskope und geöffnetem Kuppeldach die tatsächlichen Himmelskörper zum Greifen nah. Fachkundige Führer begleiten den gedanklichen Ausflug zu den Planeten, Sternhaufen und fremden Galaxien. Falls Sie mit Enkeln unter acht Jahren gemeinsam das Universum erforschen wollen, sollten Sie am Kinderprogramm teilnehmen. Dabei verfolgen die Kleinen spielerisch die abenteuerliche Fahrt eines vorwitzigen Kometen und lernen die wichtigsten Planeten unseres Sonnensystems kennen.

Am Planetarium enden zudem zwei Planetenwege, auf denen man gemütlich durchs All wandern kann. Auf jeweils sechs Kilometern spaziert man entweder vom Bahnhof Siegershausen im Süden oder von der Bodenseetherme Konstanz im Norden zum Planetarium und macht währenddessen an den unterschiedlichen Himmelskörpern halt. Auf Anfrage können Gruppen kommentierte Führungen buchen.

Rund um Kreuzlingen findet jeder eine passende Route für einen Ausflug in die Natur. Räder und E-Bikes können am Bahnhof gemietet werden.

84

Stiftung Kartause Ittingen
CH-8532 Warth
+41 (0)52 748 4411
www.kartause.ch

Die spirituellen Gärten
Kartause Ittingen

Im Laufe der Jahrhunderte ist in Ittingen eine bemerkenswerte Anlage entstanden, die der Öffentlichkeit zugänglich gemacht wurde. Rund zehn Kilometer vom Bodenseeufer entfernt liegt die idyllische Kartause, deren älteste Gebäude aus dem frühen 12. Jahrhundert stammen. Das einstige Kloster beheimatet neben Restaurants und einem Hotelbetrieb heute auch Ausstellungen. Besonders beliebt sind die verschiedenen Gärten und Themenpfade im Grünen, die zum Spazieren einladen.

Das gegenwärtige Kulturdenkmal ist Resultat ständiger Veränderungen und Anpassungen innerhalb der letzten 900 Jahre. Ab dem 15. Jahrhundert wurden einige Dutzend Kartäusermönche an diesem Ort ansässig. Der strenge Orden lebte zurückgezogen, fast im Einsiedlertum. Jeder der Mönche bewirtschaftete einen eigenen Garten. Je nach Begabung entstanden kleine Paradiese, die ihren eigenen Zweck erfüllten: Es wurden Heilkräuter angepflanzt, Gemüse für die Allgemeinheit gezüchtet oder auch Rosen und Lilien aufgezogen, als Sinnbild für die Jungfrau Maria. So kam es, dass nirgendwo sonst in der Schweiz eine größere historische Rosensammlung zu finden ist als in diesen duftenden Gärten.

Nach Burgherren, Mönchen und diversen privaten Gutsbesitzern kümmert sich heutzutage eine private Stiftung um das Blütenmeer und die Nutzgärten. Nach wie vor wird in der Kartause das Ziel verfolgt, so viel wie möglich selbst zu kultivieren und zu erzeugen. Neben einer Metzgerei und Käserei wurde sogar eine eigene Forellenzucht aufgebaut.

Das Hauptaugenmerk liegt jedoch auf der Kontemplation. Neben dem Heilkräuter- sowie dem Barock- und Prioratsgarten zeugt davon vor allem das Thymianlabyrinth, das Gäste im wahrsten Sinne zur (inneren) Mitte führt, umgeben von klösterlicher Stille.

Im dazugehörigen *Restaurant Mühle* wird ein *Null-Kilometer-Menü* angeboten, das nur aus Zutaten zubereitet wird, die keinen Transport erfordern, sprich aus dem unmittelbaren Umfeld der Kartause stammen.

85

Swiss Science Center Technorama
Technoramastrasse 1
CH-8404 Winterthur
+41 (0)52 244 0844
www.technorama.ch

Vollenweider Chocolatier Confiseur
Marktgasse 17
CH-8400 Winterthur
+41 (0)52 212 6248
www.vollenweiderchocolatier.ch

Wunder über Wunder

Technorama in Winterthur

Mathematische Gleichnisse, physikalische Versuche und chemische Zusammenhänge bringen Sie nicht in Verbindung mit dem Bodensee? Weit gefehlt! Im *Swiss Science Center Technorama* in Winterthur können Sie einen experimentierfreudigen Tag verbringen, an dem Sie sich auf kurzweilige Art mit unzähligen Naturphänomenen beschäftigen.

Anders als ein klassisches Museum ist das *Technorama* ein interaktives Vermittlungszentrum naturwissenschaftlicher und technischer Zusammenhänge. Gäste aller Altersklassen sind eingeladen, anzufassen, auszuprobieren und kleine Wunder zu erleben. Die großzügige Ausstellungsfläche entspricht dem modernsten Museumskomfort, und das Angebot mit 500 Experimentierstationen auf drei Etagen ist immens. Lassen Sie sich am besten von Ihrem Bauchgefühl leiten und testen Sie das aus, was Sie anspricht.

Bereiche wie *Wasser, Natur, Chaos* oder *Strom und Magnete* und die *Blitz-Arena* versprechen originelle Einblicke und anschauliche Versuche zu vermeintlich alltäglichen Themen. Der Satz von Pythagoras wird zum Beispiel mithilfe bunter Häschen eindrücklich erklärt, sodass ihn jeder versteht – und viel wichtiger: er jedem Spaß macht. Sie bevorzugen spektakuläre Aktionen? Dann entzünden Sie Knallgas, aber bitte mit offenem Mund, um das Trommelfell vor der Druckwelle zu schützen. Oder lieber lautlos einen Blitz einfangen? Dies einmalige Erlebnis ist an einer 2,5 Meter langen Teslaspule möglich. Die gut drei Meter langen Lichterscheinungen werden Sie so schnell nicht wieder vergessen.

Das *Technorama* bietet die wertvolle Gelegenheit, Neues auszuprobieren, was im alltäglichen Leben nicht ohne Weiteres möglich ist. Bei Pausen im Restaurant oder einem mitgebrachten Imbiss in der Picknick-Zone können Sie die Eindrücke sacken lassen und sich darüber austauschen. Das nächste Wunder wartet bereits auf Sie!

Schon mal Giraffentorte probiert? Die köstliche Versuchung aus Schokolade, Mandeln und Haselnüssen bietet die Confiserie Vollenweider im Stadtzentrum Winterthurs.

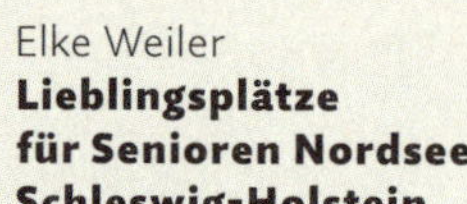

Elke Weiler
Lieblingsplätze für Senioren Nordsee Schleswig-Holstein
192 Seiten, 14 x 21 cm
Klappenbroschur
ISBN 978-3-8392-0157-2
€ 17,00 [D] / € 17,50 [A]

Dagmar Seitz
Lieblingsplätze für Senioren Schwarzwald
192 Seiten, 14 x 21 cm
Klappenbroschur
ISBN 978-3-8392-0216-6
€ 17,00 [D] / € 17,50 [A]